ビジネスとしての介護施設

こうすれば職員が定着する

志賀 弘幸 著

時事通信社

はじめに

コンビニの4倍！　介護事業者は究極の競争社会になっている

２０１５年に厚生労働省が発表した「介護サービス施設・事業所調査の概況」によると、居宅サービス事業者は16万７０００事業所、介護保険施設は1万３０００事業所、地域密着型サービス事業所は2万５０００事業所あります。つまり日本では約20万事業所が介護サービスを提供しているのです。

ちなみにこの数をコンビニエンスストアの数と比較すると、介護事業者の多さが分かります。現在日本のコンビニエンスストアは約5万５０００店舗あります。介護サービスを提供する事業者は、実にコンビニの４倍以上の数にもなります。

今や日本の介護業界は同じ地域に同じサービスを提供する事業所が多数あり、まさに熾烈な競争が繰り広げられています。近年は高齢者向けサービスだけではなく、保育や障がい者向けのサービスに至るまで民間の営利企業が参入しています。

さらに介護保険制度は5年に1度の法改正、3年に1度の介護報酬の改定があり、制度はめまぐるしく変化しています。介護報酬についても長期的にはマイナス改定という厳しい状況になっています。

つまり今後の介護業界はまさに生き残りの競争になるといえます。それぞれの事業者が良い意味でサービスの質を上げる競争を行い、厳しい経営環境においても管理者のマネジメント力競争は避けられないのです。

ある社会福祉法人の施設長から衝撃のことば

競争が熾烈になればなるほど、サービスを向上させ顧客（ご利用者）から選ばれようと努力していくのが常識かと思います。しかし以前、私が某社会福祉法人の特別養護老人ホームで管理者研修をさせていただいた時、強い衝撃を受けたできごとがありました。

その研修は「提供するサービスの質を向上させるためにすべきこと」というテーマで、管理者を対象に行いました。「サービスの質の向上」については、どの介護事業者においても目指す姿であり、その点についてては反対する方はいないはずです。しかし初めて、その点に異論を唱える施設長と出会いました。

他の施設の事例を紹介したり、自分たちが提供しているサービスの現状分析や強みを検討してもらい、どうしたらご利用者に喜んでいただけるのかを議論していた、その議論途中のことです。研修に参加していた施設長から、次のような質問がありました。

「私たちの介護サービスの質を上げて何かメリットはあるのでしょうか？」

「介護サービスを向上させると介護報酬が上がるのならいいですけど、サービスの質を上げようが下げようが介護報酬が変わらないのであれば、サービスを向上させる必要はないと思います」

「サービス向上には何らかの取り組みや努力が必要ですから、そのようなムダな苦労をしないほうが職員も楽だと思います。結局、介護報酬は変わらないので今のままで良いのではないでしょうか？」と耳を疑うような持論を展開したのです。

皆さんはこの施設長の意見をどのように考えますか？

この時の正直な私の気持ちは、「この施設長は大丈夫かな？これはまずいな」です。このような考えの方をトップとする組織の成長は厳しいです。一生懸命、介護を勉強して、人の役に立ちたいと思って介護という仕事を選んできたスタッフもたくさんいるはずです。実際、その施設長の発言のあと、何人もの職員が怪訝な顔をしていました。後で聞いた話ですが、案の定、この施設長の施設は職員の定着率が極めて低いとのことでした。

どんどん二極化する福祉・介護サービスの質

私は福祉・介護事業の組織経営、労務管理、人材育成に特化した会社を２０１０年に設立しました。その間に300カ所以上の福祉・介護事業所を見てきました。福祉・介護業界は明らかに介護サービスの質の二極化に進んでいます。

2015年の介護報酬改定以降、さらにその傾向は顕著になっています。残念ながらこれ以上介護事業を継続することができないというご相談も増えていることからも、経営が厳しい事業所が増えていることを実感します。

一方で、多店舗経営を進める事業者や、M&Aで規模を拡大する事業者も増えています。基本的には同じ介護報酬単価にもかかわらず、このような差が生じている理由は何か?

私は研修やコンサルで多くの介護事業経営者や施設長、管理者にお会いする中で、成功している事業所には、共通の考え方や取り組み、仕掛けがあることに気づくようになりました。また、逆に廃業に至る事業者にも、共通事項がありました。

それは、成功している事業者は、「当たり前のことを素直かつ愚直に実践している」ということです。

では、介護事業所にとっての「当たり前」とは何か?

本書はその「当たり前」を紹介しています。言われてみれば、当たり前のことばかりかもしれません。しかし、その実践の難しさが福祉・介護事業にはあります。福祉・介護事業は「ひと対ひと」が当たり前です。介護スタッフがご利用者にサービスを提供します。つまり「人が中心」である事業なのです。

介護スタッフもご利用者も、多様な性格、考え方を持っていますし、育った環境も違います。人によって「当たり前」が違うのです。この違いが「ひと対ひと」であるサービスの質に差をもたらします。このことが「当たり前の実践」を難しくしている理由なのです。

当たり前のことになりますが、「人を動かすこと」が経営者、管理者には必要になります。相手を動かす技術、そのための伝える技術、さらには何を伝えるのか？　などを理解しなければなりません。本書はその当たり前を一つずつでも確認していただけるツールになっています。

「希望、感動、感謝」が介護業界の新３Ｋ

私は介護という仕事は新３Ｋ「希望、感動、感謝」であるとお伝えしています。ご利用者の希望を叶え、ご利用者が目標を達成したときの感動を一緒に味わい、ご利用者、家族から感謝される仕事です。少しでも多くの「希望、感動、感謝」が感じられる事業所づくりをサポートしていきたいと思っています。

福祉・介護事業は、さらなる超高齢社会にとっては、なくてはならない事業であることには間違いありません。皆さんが経営している福祉・介護事業所が地域から必要とされ、社会貢献の一翼を担う事業所・組織として発展されることを期待して止みません。

本書を読んでいただいたあとに、最高の社会貢献をする事業所を目指して「よし、やってみよう！」そんな風に思っていただければ幸いです。

目次

第5章　評価の仕方で職員はこんなに変わる

装丁　イオック
企画協力　企画のたまご屋さん

第1章

ドラッカーのマネジメントから学ぶこと

「介護とは何か」

どんなサービスで対価を得ているのか？

「介護という仕事は、誰に、何を、どのような方法で提供する仕事なのでしょうか？」
「介護という仕事を通して、どのような成果、満足をご利用者に提供できるのでしょうか？」

私はいつも、介護関連事業者向けの研修やセミナーでは、この質問を事業の経営者、スタッフ、管理者にします。すると、この質問に瞬時に答えられる方が驚くほど少ないのが現状です。

「自分がどんな仕事をしているのか」
「自分の仕事の目的が何であるのか」

これが明確にないまま仕事をしているということは、働く上での「モチベーション」「原動力」を失っているといっても過言ではありません。「原動力」＝「エンジン」が機能しなければ簡単にモチベーションは失速してしまいます。介護事業そのものを辞めてしまう、そんなことにもつながりかねません。

日本は2025年に向かってさらに高齢者が増えます。介護施設の需要も高まるばかりです。今後40万人以上の介護人材がさらに必要だという予測もあります。介護事業を展開されている方々は、多くの深刻な課題を解決しながらこの需要に応えていくことが求められています。

突然ですが、「マネジメントの父」と言われるピーター・ドラッカーが、仕事を進める上でまず重要なことは、「成果」を設定することだと言っています。「成果」とは「誰のために、何のために何を行っているのか」を設定することです。福祉・介護業界は社会福祉法人やNPO法人など非営利組織が多いのも特徴です。また、ドラッカーはこうも言っています。「特に非営利組織においては、成果を設定することが営利企業よりも大きな意味を持つ」と。

福祉・介護業界では、「私たちは営利を追求しているのではない」との言葉をよく耳にします。では「何」を追求しているのでしょうか？　「営利」という損益の目的がないからこそ、「成果」を設定する必要が大切になってくるのです。つまり、介護という仕事は何のために存在しているのかという「目的」をしっかりと設定し、それを共通認識として持つことが重要なのです。

では、介護にとって「成果」「目的」とは何でしょうか？

介護保険法では、第一章第一条で目的を条文化しています。

『この法律は、加齢に伴って生ずる心身の変化に起因する疾病等により要介護状態となり、入浴、排せつ、食事等の介護、機能訓練並びに看護及び療養上の管理その他の医療を要する者等について、これらの者が尊厳を保持し、その有する能力に応じ自立した日常生活を営むことができるよう、必要な保健医療サービス及び福祉サービスに係る給付を行うため、国民の共同連帯の理念に基づき介護保険制度を設け、その行う保険給付等に関して必要な事項を定め、もって国民の保健医療の向上及び福祉の増進を図ることを目的とする。』

非常に多くの目的を達成しつつ、成果を得ることを求められていることがわかります。どうしたらこの介護保険の目的を達成できるのか、そこをしっかりと考えていくことが、介護保険事業者にとっては重要になってくるのです。まず経営者がやることは、この内容を理解し、自分なりに解釈し、現場で働くスタッフに伝えることです。その内容がスタッフに伝わったとき、「心から介護をしたい」「介護はやりがいのある仕事だ」と感じるスタッフが増えるのです。

今までにも多くの介護スタッフの方々にお会いしてきましたが、自分の仕事がご利用者やご家族にどのような影響や成果をもたらすのかを知っている人は、介護という仕事を楽しんでいます。逆に自分の仕事の目的を知らずに仕事を行っている方は、仕事に追われ、楽しむ余裕はないように感じます。私は前者を「志事」、後者を「仕事」と区別しています。「志事」は自分の「志」や「信念」または「目的」を持って仕事に臨むこと。信念や目的を持つことで想いが生まれ、自分のポジションを常に俯瞰して見ることを可能にします。

つまり、「成果」を意識し感じながら仕事をしている状態になると、例えば毎日の単調な業務やルーティン業務がどこにつながり、どのような効果や成果をもたらすことになるのかをイメージしながら仕事を進めることができるようになります。

以前、私は高機能歯磨剤メーカーの営業マンをしていました。入社して1年くらいは、売上も思うように伸ばせず、先のように仕事を俯瞰して見られない時期がありました。メーカー営業マンの主な仕事は、毎日、お得意先である問屋さんや実際に商品を販売している店舗に顔を出し、自社の商品をPRすることです。その仕事の中には、売り出しの販売応援や商品棚の並べ替えを行う棚替えなど、直接営業の数字につながらない仕事も結構あります。商品補充やレジでの袋入れのお手伝いもします。また、棚替えという作業では自社の商品だけではなく、自社以外の商品も並べなくてはならないこともあります。

当時の私はその販売応援や棚替えが好きではありませんでした。営業数字を上げることにしか目が行かなかった私は、「メーカー営業マンが何でこんなことまでやらなければならないのだろう」と「やらされ感」でいっぱいでしたので、仕事を全く楽しんでいませんでした。

一方で、非常に積極的に笑顔で販売応援や棚替えをしている他社の営業マンがいました。私とは全く逆の存在である彼が非常に不思議に見えました。また、なぜ笑顔でそのような行動ができるのか興味を持ちました。そして、ある店舗の棚替えで彼と一緒になった時、どうしてそんなに頑張れるのかを聞いてみたのです。すると、こんな答えが返ってきました。

「ぼくはこの仕事が楽しいです。メーカー営業マンとしてこの商品が大好きで誇りなんです。一人でも多くの方に使ってもらいたいから、棚に商品を置くときにどのような置き方をしたらお客様に見ていただけるのか、買っていただけるのか。お客様がこの商品を手に取った時にどのようなことを考えてご購入いただけるのかなどを考えながらやっている気がします。その光景が頭に浮かぶのがとても楽しみなんです」と。

その話を聞いている最中に、何だか非常に自分自身が情けなくなってきました。自分の仕事が誰のためにどのように役立っているのかを深く考えたことのない人間と、それをいつも仕事で考えている人間の差をまざまざと見せつけられました。そしてそれ以後、私は彼を手本に真似をしていく決断をしました。

「私の仕事は何なのか」
「誰が対象なのか」
「誰が喜んでくれるのか」

そして、自分自身に「本当にこの仕事が好きなのか」「この商品が大好きなのか」と問いかけました。私は表を作成し、商品の「好きなところ」「長所」を紙に書こうとしました。しかし、最初は全く書けません。書けないということは、考えていないということです。これではいけないと思い、真剣に考えました。そして、実際に商品について猛勉強したのです。次第に「この商品の良さとは何か」「お客様にとってどんな役に立っているか」がわかってくるようになると、商品自体が大好きになっていきました。その結果は仕事の行動に明白に表れました。

「与えられるどんな仕事も楽しく感じることができるようになった」
「自分から仕事を創造するようになった」
「結果に対して、冷静に反省ができるようになった」

などです。

「介護という仕事は何か」という、この仕事の一番の原動力を発見するには、「この仕事の成果とは何か」を真剣に考えることです。そして、もう一つ重要なことは、その発見をできるのは「自分」しかいないということです。他人が考えた「仕事の意義や成果」は、自分の原動力としては長続きしません。「やらされ感」では継続はできないのです。介護業界では早期に退職してしまうスタッフが非常に多いのが現状です。その早期退職してしまった方に、もっと仕事の成果を知ってもらっていたならば、結果は必ず変わっていただろうと思います。

事業の目標を定める

最近、介護業界でも「理念経営」に注目が集まっています。「理念経営」とは「企業理念を中心に置いた経営」です。

企業理念を中心に置くとどのような経営になるのでしょうか。答えは明白です。会社、つまりは自分たち社員がどこに向かっていくかが共有できます。その共有によって目標が決まり、ゴールが同じになるという経営手法です。私は、この「理念経営」が介護福祉業界でとても大切ではないかと考えています。

多くの介護施設に伺い、人材育成などを行っている中で私が日々感じていることがあります。それは、職員の方に「介護を心から仕事としたい」という想いがどれだけあるのか、ということです。

「何が何でも介護をしたい」と思って入社してくる人材ばかりではないということです。「本当は介護はやりたくないけれど、ほかの仕事がないから仕方なく介護でいいか」と思って入社してくる人材も残念ながらいます。ただ入社の面接で自分から「介護に向いていない」などという人はいませんので、さまざまな質問や履歴書に書いてあることから本心などを聞くテクニックも必要になってきます。

私がお勧めしているのが「作文」です。テーマは「介護をやりたい理由」や「これからの介護にとって必要なこと」など、簡単なものにします。字数は制限しません。様式自由で書いてもらいます。とてもその人の考え方がよくわかります。その作文内容をもとに質問してみると本心が見えます。仮に書けないという方がいたら、入社後に「記録が書けない」という事態も予想されますので、採用の是非の参考にもなります。

企業・法人においては「経営理念」が「目的」です。この目的を達成するための具体的な計画を立てることが「目標設定」になります。この「経営理念」を理解していないと、仕事上での「目標」は立てられないということになります。中には経営理念が浸透していないために、会社の理念と異なる目標設定をしてしまう例もあります。会社の目的達成よりも自分の目的達成のためになってしまう方もいます。

目標設定は、必ず「経営理念」に書いてある一言一句を徹底的に自分の職場で実践するとどのような姿になるのかをイメージしてもらうことからスタートします。言葉の定義付けと分析が重要です。会社、法人の理念の意味を徹底的に考えることが重要です。

例えば、岐阜県関市にあるデイサービス「ラクア」では「すばらしいサービス（おもてなし）をご提供することで、地域社会に貢献する」という経営理念を定めています。この理念をリーダークラスが徹底的に考えています。まず、「『すばらしい』サービスとは何か？」「どのようなサービスを『すばらしい』と言うのか？」を細かく具体的な行動レベルになるまで徹底的に考えます。議論をしているとさまざまな「すばらしい」に対する考え方、想いが出てきます。

ある方は「介護度を少しでも下げることがすばらしいサービスです」とおっしゃいますし、またある方は「最高のおもてなしをさせていただくことがすばらしいサービスです」と話されます。その他にもそれぞれの「すばらしい」がどんどん出てきます。職員一人ひとりの「すばらしい」の定義が違うということです。定義が異なるということは、サービスの質にブレが出てきやすいということになります。

実際に介護現場では、考え方の違いから同じ施設内でもサービスの質の差が生じています。例えば入浴介助の際にAさんというスタッフは「なるべく自分で服を脱いでくださいね」と言い、自立援助という視点で介助しています。一方でBさんというスタッフは「なるべく苦労してほしくない」ので、至れり尽くせりで援助してあげようという想いで入浴介助を行っています。どちらも優しい言葉がけで介護をしていますが、「自立援助」「至れり尽くせり」と、最終的な介護の目標がスタッフによって違っています。他にもAさんの介護は好きだけど、Bさんは苦手というご利用者からの意見もあります。個人の介護力の差が、サービスの質の差になっていることもあります。

事業の社会的責任を考える

ドラッカーは著書『マネジメント［エッセンシャル版］基本と原則』（ダイヤモンド社）の中で、「社会や経済は、いかなる企業をも一夜にして消滅させる力を持つ。企業は、社会や経済の許しがあって存在しているのであり、社会と経済が、その企業が有用かつ生産的な仕事をしていると見なす限りにおいて、その存続を許されているにすぎない」と述べています。なかなか難しい表現です。企業が継続するためには、「生産的な仕事をする、つまり社会に認められるような仕事をする」ことなのです。福祉や介護は「幸せ」「感謝」という気持ちを生産する仕事ではないでしょうか。この生産性がある限り、福祉、介護は必要な仕事なのです。

旧来の日本の福祉は、家族介護が中心でした。自分の親、祖父母は自分たち家族が介護をするということが当たり前でした。他人が自分の親の介護をするという慣習は多くはありませんでした。

しかし、今や日本の福祉は、介護保険をはじめ、障がい者福祉、保育など「社会で支え合う仕組み」になっています。核家族化や少子高齢化あるいは共働き世帯の増加など、社会情勢の変化が根底にあります。国民は税金や社会保険料を負担し、それを原資に福祉・介護事業者が介護サービスを提供するという仕組みになっています。

福祉・介護事業者には、「福祉・介護サービスの提供という大きな任務を国民、社会全体から任されているんだ」という大きな社会的責任をしっかりと意識して事業を遂行していく義務が発生している、ということを改めて理解する必要があります。

ところが実際は、「社会から任されているんだ」という高い意識とは程遠い、高齢者への虐待や暴言などに対するご利用者からの苦情・クレームも増加傾向にあります。さまざまな事情により自分で介護をすることのできない家族は「福祉・介護のプロ」に介護をお願いしたいと思っています。虐待・暴言など利用者は望みませんし、そのような存在を認めることもありません。

先のドラッカーの言葉にあるように、社会や経済から認められない存在については、事業の継続は不可能でしょう。「有用かつ生産性の高い仕事」のみが事業を継続することを許される、ということをもう一度考えることが大切です。

「有用な仕事」とは、「役に立つ仕事」のことです。人間はいつ事故に遭って障がいを負うことになるかわかりませんし、必ず老いていきます。自分で自立生活ができなくなった時、福祉・介護のお世話になります。そういう意味で福祉・介護には、多くの方がいつかはお世話になります。その機会が来たときに初めて、福祉・介護は「ありがたい存在であり、役に立つ仕事」だと思うはずです。日本のような世界に類を見ない超高齢社会においては、ますますなくてはならない仕事なのです。

また「生産性の高い仕事」とは、投入量に対して産出量の割合が大きいほど生産性が高いということを意味します。福祉・介護事業の場合で考えてみると、「サービスの提供量」に対して「利用者満足度」の割合が高ければ高いほど、福祉・介護事業における生産性は高まると判断できるのです。今後の介護事業継続のポイントは、ドラッカー理論を当てはめると次のようになります。

介護事業は、

①これからの超高齢社会においてはますます役立つ仕事になる（有用性）
②スタッフのサービス以上に利用者の満足度を高める必要がある（生産性）

この二つの実践を徹底的に追求していくことが、「社会的責任」を全うすることになるのです。その実現のために事業所は、現場の管理者やスタッフにこの2点を落とし込むことです。

例えば「有用性」については、次のようなことをディスカッションしてもらいます。

「自分たちが行っている福祉・介護サービスがどれだけの人に影響を与えているのか」

「誰が喜んでくれる仕事なのか」
「具体的にどのような成果がある仕事なのか」
などを現場で考えてもらいます。

現場でサービスを提供している時間に、もしくは介護の直後に考えてもらうとさらに有効です。現場を離れたミーティング、打ち合わせ時などに考えてもらうよりも、現場の臨場感のある中で考え、感じてもらうことができるのでより効果はあります。これをＯＪＴ教育と言います（ＯＪＴ：On the Job Training)。

また私の経験上「生産性の向上」という言葉をそのまま介護現場で使うことは、まず現場のスタッフから抵抗が強く、理解は得にくいです。

この言葉の理解を進めるには少し工夫が必要になります。現場からは「私たちはものを作っているのではない、形のない介護サービスを提供しているのです」という意見が必ずあります。「生産」という言葉は製造業のイメージが強いので、「機械」を作っているということを想像させてしまいます。

「私たち介護スタッフは人間相手の仕事なんです」という意識が高いので、介護業界では「生産性」という言葉を直接使うことは控えるようにします。

そこで私は「生産性の向上」という言葉を「満足度の向上」に置き換えています。

製造業では「良い『機械』を生産する」ことが重要。

介護業では「良い『機会』を創る」ことが重要。

「良い機会の創出」はご利用者にとっては間違いなく「満足度」も向上します。「満足度を向上させるためには、どのような取り組みが必要なのか」「そもそもご利用者にとって満足とは何か」を考えていただく機会を持つことにより、実際にサービスが向上しているという事例は多いのです。

ドラッカーが非営利組織のマネジメントにおいて重要なことに「ミッション」(使命)を挙げていることに私は注目しています。

従来、福祉・介護業界は非営利組織によって運営されていました。それが介護保険導入後は、営利組織も介護事業に参入しました。つまり非営利から営利が認められました。しかし、まだまだ介護現場には「介護は非営利」だという認識が強いのも事実です。

営利企業の目的は、「利益を上げる」こと。そしてその利益は次の投資に回す。次の投資は社会に認められる事業です。福祉・介護事業は社会から必要とされています。社会に必要な存在を継続するために「利益を上げる」ことは重要です。

ドラッカー曰く、「利益は目的ではなく、手段である」。福祉・介護という社会的責任のある仕事をするためには、利益が必要なのです。

一方で福祉・介護業界には社会福祉法人という「非営利組織」があります。非営利組織ですので

「利益」を上げることが目的の組織ではありません。利益が出たとしてもそれは社会福祉のためにしか使えないという制限がある法人です。利益を上げることが目的ではない組織は、どこに目標をもっていけばいいのか、これは重要です。ご利用者の満足を高め、また働くスタッフの意識を高めるためにも何かしらの目標が必要です。

非営利組織こそ、自分たちは「何のために、誰のために、どのように」役立つ仕事をしているのかという「有用性」や「社会的責任」、そして「使命」を強く意識することが重要なのです。

介護の当たり前と世間の当たり前の差

第三者から見た介護現場の違和感

自分の背中を見るとき、皆さんはどのような手段を使いますか？

1枚の鏡を使って背中を見る。

2枚の合わせ鏡で背中を見る。

自分一人で、1枚の鏡を使ってなんとかして見る、というのが一番多いと思いますが、近くに他人がいれば、お願いして他人に見てもらうという方法もあります。また、自分で見える部分についても、自分の見え方と他人からの見え方は違います。自分視点と他人視点は違います。自分が良かれと思ってとった行動が、他人からは良いとは思われていなかったということも同じです。

私はこれまでに300カ所以上の福祉・介護施設を見てきましたが、自分視点と他人視点の差を日々経験しています。つまり、自分たちが自信を持って当たり前にやってきたサービスや支援が、実はご利用者にはあまり評判が良くなかった、ということです。

その他にも、施設開設当初から当たり前に行ってきたことや考えてきたことが、第三者から見ると「何で?」と、評判が良くなかったということもあります。その当事者にとっては結構ショックです。しかし、サービスの良さや質を評価するのはご利用者、ご家族、つまり第三者なのです。

いま日本の福祉・介護施設には第三者の目が入る機会があります。都道府県の監査、実地指導など法定化されたものから、福祉サービス第三者評価、地域密着型の外部評価、また一般企業でも導入している「ISO」などです。弊社は愛知県、三重県、社会的養護施設の第三者評価機関ですので、評価機関という立場で施設を訪問することもあります。

以前、ある特別養護老人ホーム(以下、特養)より福祉サービス第三者評価のご依頼を受け、訪問調査を行いました。この第三者評価事業は評価者2人以上で実際に施設を訪問し、約60~80項目の評価項目を「a、b、c」の3段階で評価をします(評価項目の数は施設の種別により異なります)。

第三者評価の目的は「気づきの顕在化」です。この「顕在化」は、いろいろな気づきがあり、課題を改善するためのキッカケになります。その課題は「第三者からの問題提起」です。第三者評価の結果は、報告会で施設側にしっかりと報告します。

ある施設での例ですが、その報告会で違和感を感じることがありました。

例えば、こんなやりとりです。

「このたびはいろいろとご協力いただきましてありがとうございました」

とご協力いただいたことに感謝を伝えたあと、少し雑談も交え感想などから入ります。

その感想で、私はこう申し上げました。

「少し気になった点としては、施設内の臭いです。玄関に入った瞬間に独特の臭いを感じました」

するとその感想に対してすかさず、ある職員の方が立ち上がって、

「普通、特養はこういう臭いがしますよ。調査員の方は普段、あまり特養には来られないのでわからないだけですよ」

と自信を持って発言されたのです。私から改めて、

「私も仕事で多くの特養を訪問していますが、少し気になったのでお伝えさせていただきました」

とお伝えしたのですが、正直かなりの違和感を覚えました。

そこには、二つの違和感がありました。

一つ目は、「同じ業界にもかかわらず、他の施設のことを知らないこと」

二つ目は、「世間、第三者が感じている常識と、施設の考えている常識が違うのか」ということです。


しかしよく考えると、施設のご利用者は第三者になるはずです。「郷に入れば郷に従え」とは言いますが、仮にこの特養の常識に合わせなさいというのが正しいのだとすれば、第三者評価の意味はなくなってしまいます。第三者評価の意味は、「第三者の視点を施設も持ってください」ということですから、私たちの結果を第三者の意見、要望として今後の施設の更なる改善に活用いただくことがポイントになります。


第三者評価の流れとしては、義務化されつつあります。保育園や児童養護施設などの社会的養護施設は、3年から5年に1回の第三者評価が努力義務となりました。

いま福祉・介護に関しては、高齢者や児童虐待なども増加傾向にあります。外部の目が届きにくい施設であればあるほど、このような第三者の目が入らない傾向があります。義務化によって仕方なく評価を受けるとなると、結果としてはやらされ感いっぱいで前向きになれない施設も多いはずです。

しかし、弊社が評価した施設からは「当事者ではない方から、第三者の目で自分の施設について指摘を受けることは、ドキドキでもありますし、楽しみでもあります」という声をいただいています。結果的には、このような声をくださる施設は大概にして評価が高い傾向にあります。「評価を受けることが楽しみ」という施設は自信がある施設です。自分たちが頑張ってきた取り組みが、世間からどのように見られているのかを確認できる機会と捉えていらっしゃいます。

その結果を受けて、次に考えることは一つです。つまり「もっと良くするために何をすべきか」についてです。

ここから第三者評価の第二ステージになります。

このステージになると「改善」の手法が役立ちます。重要なのは「計画作り」です。「計画作り」は「ＰＤＣＡサイクル」の設定とも言えます。

例えば弊社が評価機関として認定されている「三重県」の第三者評価事業では、評価結果に基づいて「改善計画」の提出が義務付けられていますので、指摘された課題に対して「いつまでに、どのような課題を、どのような方法で、誰が改善するのか」を検討した上で、提出することになっています。

実はこの三重県のように「改善計画」の提出をもって評価事業を終了するやり方は、他県ではなかなか見ない手法です。評価して終わりではなく、次の目標について考えることはとても重要な作業なのです。一見すると面倒くさいと思われるかもしれません。しかし施設を良くするためには必要です。施設からも「評価を受けた後、その流れで指摘を受けた課題について考えることができるのでありがたい」「いつまでに、誰が、何を行うのか計画を立てることは非常に重要だと思います」など、実は評判が良いのです。

第三者評価は「あら探しの活動」ではありません。もっと施設が良くなる、ご利用者やご家族がより満足できるサービスを受けることができるよう、一定の基準に従って評価するものです。自分の施設や事業所が世間からどのように見られているのかを知りたい方は、ぜひこの制度を活用してみてはいかがでしょうか。

ご利用者のサービスに対する要望、リクエストは世代の変化とともに変わってきます。

10年前には当たり前だったのに、いまや時代遅れと言われるサービスなども出てきています。ご利用者のニーズがどこにあるのか、世間のニーズがどこにあるのか、サービス基準のものさしを常にご利用者、地域に向けていることが、これからますます重要です。世間に対するアンテナの感度を上げ、改善できることは即実行、という姿勢です。

やりたくないのか？　やれないのか？

3年に1度の介護報酬改定の度に、弊社には介護事業の経営者より次のような相談が頻繁に舞い込みます。

「報酬改定後、売上が減少傾向です。それに伴いスタッフの活気も減少傾向です。何とかこのような状況を打開したいと思っています。うちのスタッフに改善策を求めてはいますが、意見があがってきません。どうしたらいいでしょうか？　何から手をつければよいのでしょうか？」という真剣な相談です。

経営者は一生懸命にサービスの質を上げるための改善策を練っているのですが、実際にサービスを提供している現場のスタッフが一緒に改善策を考えてくれない、という悩みを持っている方も多いのではないでしょうか？

そして現場で話し合うこと数回、スタッフ側から出てくる意見で多いのは、

「現場は忙しい」
「新しいことをやるにも、人がいない」
「やり方がわからない」
「今のサービスで十分ではないか」

など、改善という意識には程遠い意見ばかりで、なかなか行動に至らないという現場は多くあります。

これには原因がいくつかあると感じます。現場でのヒアリングからよくあがってくる意見が次の

とおりです。

①面倒くさいので本当にやりたくない
②やらないよりはやった方がよいとは思うが、自分はやりたくない
③やった方がよいとは思うが、新たな負担にはしたくない
④やった方がよいとは思うが、自分一人ではできない
⑤やった方がよいとは思うが、やり方がわからない

少しこの意見を分析しますと、驚くことに、まず①の意見を堂々と話す方が残念ながら実際にいます。このような方には、仕事に対する根本的な教育が必要です。「仕事とは何か?」「誰から給料をもらっているのか?」「どうして介護職を選んだのか?」などについて、ぜひ真剣に考えてもらう機会を創ってみて下さい。

介護は「ひと対ひと」のサービス業です。お客様の満足度を高めるための活動を「面倒くさいから」という理由で拒否すること自体、仕事の放棄ではないかと非常に残念に感じます。

このような方を「人罪」もしくは「人在」と言います。やる気のある方の足を引っ張り、組織にとって時には「罪」になるような言動があります。あるいはそこまでいかなくとも「ただ居るだけ

の存在」であり、何かに協力していこうという姿勢に程遠い方には、一定の期間を設けて「教育」をすることが重要だと感じています。

ポイントは「一定の期間」です。私も多くの介護人材の教育育成に携わっています。教育する側も経営者とともに忍耐で「いつかは変わってくれるだろう」と期待しながら関わっていますが、残念ながらどうしても変化がない方もいます。教育には時間とコストがかかりますが、必要以上に時間とコストをかけ続けることは、他のスタッフに対して、不公平・不平等ということにもなりかねませんので、「一定の期間」で変化、もしくは変化の兆しが見られない場合は、経営者としての重大な判断をしなければなりません。

次に②以降についてですが、一つ共通点があります。

「やった方がよいとは思うが……」ということです。この方たちに意見を伺うと、経営者とベクトルは同じ向きにあることがわかります。あるデイサービスの管理者は、「スタッフの業務量や配置が適材適所なのか、スタッフの成長度など人に関することは第一に重視しています。最近は売上、コスト、稼働率など数字を意識できるようにもなってきました。管理者とは何を管理するのかを勉強させてもらっているので、スタッフの表情から実際の数字に至るまで多くのことを考えて何とかしないといけないと思っています」と言います。最近は管理者、チームリーダーにも事業所のトップとしての意識を持ってもらうために「経営マネジメント」を勉強させている事業所も増えていますので、マネジメント的視点を身につけた管理者も増えています。

しかし、彼らが悩んでいるのは「頭ではわかっているけれど、どうしたら良いのかわからない」という点です。その言葉を聞く度に、以前コンサル会社勤務時代に元トヨタマンの先生から教えていただいた言葉が頭をよぎります。

「本当にわかっている人間は、必ず行動を起こします。頭でわかっていても行動しないのは本当にわかってはいない証拠。行動したからといってすぐに大きな結果や成果が生まれることは稀です。まずはやってみるということが重要です。行動ができない人間は、まずはやってみようという少しの行動でよいということがわかっていないかもしれませんね」

この言葉は全くそのとおりで、本当に当たり前のことです。トヨタではこの「当たり前のことを当たり前に行う」ということを大切にして、その積み重ねが重要であると教えてくださいました。

私が研修やコンサルで現場を改善する際には、この言葉を常に意識しています。

「まずはやってみましょう！」

介護現場を少しでも良くしていこうというベクトルは合っています。そしてどんなに小さなことでもいいので、「変える」という行動を経験してもらうことを後押しします。この行動の積み重ねの結果、わかってくること、見えてくることがあります。それは、「『変化』に対する免疫」「変えた結果の充実感」「気分、意識変化」です。

名古屋市内の某グループホームでは、春と秋に、衣替えと同時にご利用者の部屋の模様替えを必ず行なっています。これは職員の職場カイゼンプロジェクトからの発案で始まりました。この模様替えは、先の「変える」ということを「部屋の雰囲気を変える」ことで実践している例です。

私も不定期ですが、自宅の部屋の模様替えをします。テレビの向きを変えたり、カーテンの色を変えたり、ソファの向きを変えたりするだけのことですが、まるで新しい家に移り住んだかのような新鮮な気分になり、新たな気持ちになります。

このグループホームの職員がこのような取り組みをしようと考えた過程には、次のような意見、考え方がありました。

「グループホームで過ごすご利用者にとっては、ここは自宅。私たち職員は、ご利用者の自宅で仕事をさせてもらっています。半期に1回でも気分を変えてもらって、自宅で楽しく過ごしていただきたいのです。そのお手伝いをさせてもらいます」と……。

この部屋の模様替えを行うようになって以降、実はさまざまなカイゼン提案が挙がってきていま す。「変える」ということに慣れてきたのだと思います。これが他の業界でも行われている「カイゼン」なのです。そして、この「変える」という「カイゼン」は、ご利用者の満足度を高めるという成果をもたらし、職員には達成感をもたらします。このグループホームという組織にとっては、「カイゼン」という今後の財産を得たことになります。

重要なのは、「まずはやってみる」。そして「やってみた成果をイメージする」ことです。

そうすることで「やり方がわかってくる」「一人ではなく、みんなでやってみると達成感の違いを味わえる」「変化させること自体が仕事なんだ」ということが自然に理解できるようになります。「やった方がよい」と思っている職員は多いはずです。

利用者（顧客）が求めていることを知る

「良い商品を作れば売れる」

この言葉を皆さんはどう思われますか？

営業マン出身の私はよくこの「良い商品を作れば売れる」とはどういうことかを考えます。営業マンにとって「良い商品とは何か」の定義をするとすれば、間違いなく「売れる商品」と答えます。「売れる商品」とは「お客様がほしい商品」です。例えばいくら技術的に優れていて、○○初という商品が販売されても、お客様がほしいと思わない商品は「お蔵入り」です。要するに商品は「良い商品を作ったからといって必ず売れるわけではなく、市場で求められるもの（売れるもの）を作れば売れる」ということです。

繰り返しになりますが、
「良い商品」→「売れる商品」ではなく
「売れる商品」→「良い商品」ということです。

福祉・介護の業界でも「良いサービス（商品）を創っている事業所」が増えていますが、そのような事業所であっても、必ずしもご利用者で満員御礼の事業所ばかりではないのです。

例えば「介護業界初、○○システムを導入」「新しく○○機能を高めるレクリエーションが始ります」など新しいサービスを提供している事業所は、他の事業所に比べれば、新しく良いサービスを提供しているかもしれません。しかしご利用者が、その機能やシステムを利用したいかどうかは別の話です。

実際にあるデイサービスで、機能回復訓練用に新しいマシンを導入したのですが、少し操作が難しいために、ご利用者があまり積極的に使いたがらず、従来あったマシンの方が使いやすく慣れているということで昔のマシンを主に使っている、ということがありました。このように「本当にご利用者がほしい、望んでいるサービス」とは言えないこともあるのです。


近年は個別レクリエーションのように個人の趣向や希望に対応できる事業所が増えつつありますし、やはりそのような事業所の方が人気のようです。私の父もデイサービスに通っていました。定員15人の比較的小規模でアットホームなデイサービスでした。通いだした頃は、スタッフの方が一生懸命、楽しく過ごせるように工夫していろいろと良くしてくれるのでとてもありがたいと言っていました。飽きない工夫でレクリエーションも多彩であることが強みのデイサービスです。私も数回そのデイサービスを訪れましたが、父が楽しそうにしている姿を見て、嬉しく安心してお任せしていました。

ところがある日、デイサービスのお迎えが来たときに、「今日は行きたくない」と言うのです。体調が悪いというわけでもなさそうで、気分的に行きたくないというだけです。「何かおかしいな」「もしかしたら虐待?」など、一瞬良くないことも頭をよぎりましたが、私もデイサービスのスタッフや経営者を知っていましたから、そのようなわけもなく、理由がわからないまま時が過ぎていきました。次第に急にキャンセルすることも増え、デイサービスの方にはご迷惑をおかけしてしまいました。

そして数カ月が過ぎたとき、父が私に言いました。

「デイサービスはすごく良くしてくれるよ。いろいろと気にしてくれ、志賀さんお水飲みますか、トイレは大丈夫ですか、ご飯はいかがですか、など一生懸命、声をかけてくれるよ」と。

私が「良かったね、いい施設で」と言うと、

「だけどお父さんはもう少しゆっくりと過ごしたい。声をかけられるのはホントにありがたいけど、子供みたいに接してくることがなんだか恥ずかしい」と言いました。

父は保険のトップセールスでした。そしてかなりプライドの高い人です。お客様相手の仕事をしていたので、サービスを提供する側、接客する側の気持ちもわからないことはないと思います。そのサービスをありがたく受けようと思っていたとは思いますが、何か居心地が悪かったのだと思います。

デイサービスは良かれと思い、さまざまな工夫を凝らし、介護の基本である「声がけ」を一生懸命にやってくれていたのですが、父にはその気持ちや思いやりが届いていないというズレが起きていました。結局、父は小規模でゆっくりと過ごせることを強みにした別のデイサービスをご紹介いただき、以後はそちらを利用することになりました。

ここに今後の福祉・介護事業者の顧客サービスにおけるヒントがあります。ドラッカーは言っています。

「企業の目的は、顧客の創造である」

「顧客は自分の欲求を満たしてくれる場所を求めている」

「『われわれは何を売りたいのか』ではなく『顧客は何を買いたいのか』を問うことが重要だ」

そしてさらに、「われわれの製品やサービスにできることはこれである」ではなく「顧客が価値ありとし、必要とし、求めている満足がこれである」と言っています。

この言葉は、福祉・介護事業所にもまさしく当てはまるのではないでしょうか？

「介護事業所の目的は、ご利用者の創造である」

「ご利用者は自分の欲求、想い、願いを満たしてくれる施設を求めている」

「介護事業者は、このような介護サービスができます」ではなく、「ご利用者が、どのようなサービスを受けたいのか」を問いかけることが重要なのです。

今後、介護保険事業の傾向は、規制の強化というよりは、規制緩和、自由競争です。つまり自由で柔軟な発想・アイデアが必要になります。いまや措置時代の介護福祉とは違います。まさしく契約制度が介護福祉の業界に導入された介護保険制度施行以降は、ご利用者は自由に介護サービスを選択できるのです。

実際は待機者などの問題もありますが、サービス付き高齢者住宅や新総合事業などさまざまなサービス形態が増えれば、待機者の問題などはいずれ解消されることになるのではないかと考えています。そのような中で、福祉・介護事業者はドラッカーが言っているように「顧客」（ご利用者）のことをしっかりと「知る」姿勢がますます大切になってくるでしょう。

そのためにまず何をやるのか？

顧客、ご利用者のニーズを探ることです。

①ご利用者に直接ヒアリングする
②ご利用者、ご家族にアンケートを記入してもらう
③外部の関係機関（地域包括、ケアマネなど）から意見をもらう
④第三者評価、外部評価などを活用する

飲食業界では覆面調査なども行われています。

まずは「自社、自法人が世間からどのように見られているのか？」を知ることです。その結果によっては、非常に耳の痛い内容もあるかもしれません。しかしその指摘をしっかりと考え、見直すべき点は見直すという姿勢が、良い施設づくりにつながります。

ワンマンではなく「チームマネジメント」

介護におけるマネジメントの役割

近年の福祉・介護現場でもマネジメントの重要性が大きいと言われるようになってきました。厚生労働省のさまざまな資料の中にも、マネジメント用語である「ＰＤＣＡサイクル」「リーダーシップ」「組織管理」「チームワーク」などのキーワードが並んでいます。弊社でもマネジメント研修の依頼は増えています。いまや福祉・介護に「マネジメント」は当たり前になってきています。では、「マネジメント」とは何でしょうか？

「Manage：マネージ」とは、本来は「目標に対してなんとか成し遂げる、なんとかやっていく」という意味があります。「Management（マネジメント）」は「Manage（マネージ）」の名詞ですから、「マネジメントとは、何とか成し遂げること」なのです。よく勘違いされているのですが、

「Money：マネー」から派生しているのではないかと思っている方も多いように思います。発音からして「マネー」の仲間ではないかと思う方が多いのも頷けます。

ここでは「マネジメント」＝「お金」という図式ではないということをご確認いただければと思います。

従来、福祉・介護は「お金」「ビジネス」「稼ぐ」という言葉に対するアレルギー反応が根強い業界ですので、今でも「マネジメント」と聞くと嫌な顔をする方が結構いらっしゃいます。しかし今の福祉・介護現場ではマネジメントを機能させることなく、経営をすることはできません。

では、具体的に介護現場では、どのようなマネジメントを機能させればよいのでしょうか？

ここでも少しドラッカーの考えを参考にしましょう。

「組織にマネジメントを機能させることで、成果を挙げさせることができる」

ドラッカーはマネジメントの役割は三つあると言います。

1. 自らの組織に特有の使命を果たす
2. 仕事を通じて働く人たちを生かす
3. 自らが社会に与える影響を処理するとともに、社会の問題について貢献するこれらが、介護現場ではどのように発揮されるべきなのか、考えていきましょう。

1. 自らの組織に特有の使命を果たす

「マネジメントは、組織に特有の使命、すなわちそれぞれの目的を果たすために存在する」

マネジメントは目的を果たすために存在するというのですから、介護マネジメントにおいてまずは「介護の目的」を定義することです。介護の目的については、「経営理念」にあります。それぞれの事業所が掲げた経営理念の達成のためにマネジメントが必要になるのです。そしてその目的は、「特有の使命」である必要があるのです。特有の使命ですから、その事業所にしかない、またその事業所にしかできないこと、つまり独自のサービスを考えなければなりません。制度ビジネスである介護事業は、さまざまな制約、決まり事がありますので差別化が図りにくい業界です。

みなさんの事業所には、他社には負けない自信を持てるサービスはありますか？ その確認は、ご利用者に聞いてみることです。よくある例ですが、自分たちが提供するサービスには自信があっても、ご利用者が満足していないケースもありますので、常にお客様であるご利用者に確認することが大切です。そして、その特有の使命をスタッフそれぞれが確認できた時に、喜びや達成感、やりがいを感じることができます。その結果、スタッフの行動に変化が現れてきます。この変化はマネジメントの成果と言えます。

2. 仕事を通じて働く人たちを生かす

この点については、「組織こそ、一人ひとりの人間にとって生計の資（かて）、社会的な地位、コミュニティとの絆を手にし、自己実現を図る手段である」とドラッカーは言っています。

組織は、自己実現を図ることができる場であり、そこで働いている人を生かすことがマネジメントの役割なのです。私はドラッカーのこの指摘こそが、これからの介護現場には求められるのではないかと介護現場にお邪魔する度に感じています。

「介護スタッフの自己実現はどこにあるのか」

これまでたくさんの介護スタッフに出会ってきましたが、介護現場を通じて、あるいは介護職という仕事を通じて自分の目標を達成しようと考えながら仕事をしている方はまだまだ少数です。

「いつもニコニコ、介護という仕事が楽しくてしょうがない」と言えるためには、まず自分は介護という仕事を通じて何を実現したいのかを考えることが大事なのです。そしてそれが明確になった時に、自分の仕事の良さ、すばらしさ、そして働きがいを常に実感しながら働くことができます。働く幸せを感じるスタッフが多い事業所は、ご利用者の幸せも多いのです。

3．自らが社会に与える影響を処理するとともに、社会の問題について貢献する

マネジメントの役割の三つ目です。まさに福祉・介護職は誰が見ても社会貢献の大きい仕事であり、さらに進む超高齢社会ではその貢献度はさらに高まります。

例えば20年前と比べても、福祉・介護業界は社会的にも非常に注目される業界です。人は必ず老いていきますし、あるいは急な事故などが原因である日突然に障がい者になってしまうかもしれません。今では日本の高齢化率は25％を超えていますので、4人に1人は65歳以上の高齢者になっています。自動車ドライバーを見ても、高齢者マークをつけて走っている車が以前の比ではありません。自分のことに関わることでもありますので、その関心は高くなります。そして社会が介護・福祉業界に注目すればするほど、そこで働くスタッフは自分たちにスポットライトが当たっていることを感じ、「この福祉・介護業界で働くことに誇りを持っています」と感じる人も増えるはずです。

最高の支援は異職種の連合チーム

「チームの目的は、メンバーの強みをフルに発揮させ、弱みを意味のないものにすることである。こうして一人ひとりが力を発揮する。大事なことは一人ひとりの強みを共同の働きに結びつけるこ

とである」―ピーター・ドラッカー著『非営利組織の経営』（ダイヤモンド社）より―

福祉・介護施設は、異職種のメンバーが集ってチームをつくっています。現場のスタッフや管理者は、この「チーム」をどれだけ意識して仕事をしているでしょうか？　リーダー研修を行っていると、「チーム」を意識していないと感じることが少なくありません。先のドラッカーの言う「チーム」の目的は、メンバーの強みをフルに発揮させることです。

そこで、この本を読んでくださっているリーダーの方に次の質問です。

「自分の部下、もしくは職場のスタッフ個人の強みをそれぞれ10個ずつ挙げて下さい」

さて、どうでしょうか？

10個挙げられた方は、すばらしいです。残念ながら10個挙げられなかった方は、大至急、部下やスタッフの「強み」を分析してください。また、強みを10個挙げられた方は、次に「弱み」も5個考えて下さい。「弱み」を知ることも大事です。弱みを誰かに補強してもらう必要があります。この「強み」や「弱み」がわからなければ、その強みや能力をチーム内で最大限に発揮させることはできません。チームの「目的」を達成するには、「強み」「弱み」を知ることがとても重要なのです。

強みや弱みを考えるときによく「ＳＷＯＴ分析」というツールを使います。ＳＷＯＴ分析は、

法人事業SWOT分析

S：強み	O：機会
（例）	（例）
・建物、設備などの優位性	・高齢化の進行、高齢者人口の増加
・法人グループ力	・ニーズの多様性
・業務管理、手順、マニュアル整備	・在宅サービスの拡がり
・ボランティアの協力体制	・高齢者在宅制度の創設
・地域存在感、顧客満足度	・公的融資の条件緩和
・人財育成、スキルアップ体制	
・マーケットニーズの把握	
・リスクマネジメントへの対応	
W：弱み	**T：脅威**
（例）	（例）
・顧客バランス	・事故発生による訴訟可能性
・組織硬直化、未改善が多い	・政策変更による収入減
・経営効率化、情報開示	・厳しい採用環境
・転倒事故	・入所者の重度化
・経営意識、コスト意識	・説明責任の高まり
・情報伝達	・クレームの発生拡大
・部署間・職員コミュニケーション	・競合施設の進出
	・人口構造の変化

あるテーマに対して「強み」「弱み」「機会」「脅威」という四つの視点で考えます。

「S：STRENGTH（強み）」

「W：WEAKNESS（弱み）」

「O：OPPORTUNITY（機会・チャンス）」

「T：THREAT（脅威）」


これらをスタッフ個人ごとに分析してみることで、その人がどのような人なのかがよくわかってきます。また個人だけではなく、法人、施設などの分析もよく行います。上の表はある社会福祉法人が実施した「法人事業SWOT分析」です。

四つのカテゴリーを表にして考えます。

少し時間がかかる作業かもしれませんが、自分の施設を俯瞰することは大切です。

さてスタッフの「強み」がわかると、今度はその強みを「フルに発揮する」ことが必要です。人は誰でも得意なことはさほど苦にはなりません。「好きこそものの上手なれ」と言いますが、好きなこと、得意なことは積極的な行動につながります。逆に苦手なこと、弱みはなるべく避けたいですから、消極的な行動になります。

先にもお伝えしましたように福祉・介護の現場は、異職種の専門職で構成されています。専門職ということは、得意なことを専門にしているはずです。その専門性をフルに発揮してもらうことがチームの目的になります。介護職、看護職、リハビリ職、医者、管理栄養職そして管理職などそれぞれの専門性を福祉・介護の現場で発揮してもらうことで、チームの目的が達成できます。

ご利用者にとっては、介護職、看護職などの違いはあまり関係がありません。医療的な行為、つまり治療は医療・看護職が担当し、少し具合がよくなり普段の生活に戻る過程ではリハビリ職が担当し、普段の生活を介護職が担当するという「医療から介護への流れ」があります。それぞれの役割を十分に果たすチームづくりが、ご利用者への福祉・介護サービス提供に求められています。

また、「弱み」に関してドラッカーは「意味のないものにする」と言っています。それは一体、どういうことなのでしょうか。

個人レベルでの弱みの克服には、多くの時間がかかります。得意ではないのですから、まずはやる気を出すところがスタート地点です。克服に向けて努力はするのですが、頭の中には苦手意識がありますˈ。仮に得意になってきたとしても相当な時間、場合によっては多大な費用がかかることもあります。

では、組織に所属する個人の場合はどうでしょうか。組織は人の集合体ですから、組織にはさまざまな人がいます。自分の苦手な側面を、得意としている人がいます。営業は得意だけど事務が苦手、反対に事務は得意だけど営業は苦手、という人もいます。そのような場合は得意な人にその仕事を任せればいいのです。組織の特長は自分の短所、苦手な側面を、誰かが補ってくれる点です。

チームを構成する際に重要なのは、まずは各人の強み、弱みを知ることであり、次に適材適所に配置することになります。多くの組織は、その点を踏まえ人事異動などを行っているのです。

マネジャーの役割はＰＤＣＡの実践

介護業界では「ケアマネジャー」というマネジャーがいます。

釈迦に説法かもしれませんが改めて申しあげると、ケアマネジャーは主に要介護（支援）認定を受けたご利用者に対して、今後の介護サービスの計画を作成します。その計画を「ケアプラン」といいます。ケアマネジメントとは、「利用者の生活上の目標に向かって介護やお世話をしてそれを何とか達成すること」です。介護保険では非常に重要な存在です。

私はよく研修で「『ＰＤＣＡ』という言葉を知っている方、手を挙げてください」と問いかけます。すると手を挙げられる方が、私の印象では2割くらいです。中には知っているけど手を挙げない方もいらっしゃるかと思いますが、他の業界と比較しても少ないです。ＰＤＣＡに関しては近年、多くの本も出版されています。書店では「ＰＤＣＡ」の本ばかりを紹介したコーナーもあるくらい、「仕事の進め方」における重要な要素になってきています。

まずは「ＰＤＣＡ」の説明です。

Ｐ：ＰＬＡＮ（計画、目標設定）
Ｄ：ＤＯ（実践、サービスの実行）
Ｃ：ＣＨＥＣＫ（確認、モニタリング）
Ａ：ＡＣＴＩＯＮ（処遇、改善）

介護現場で身近な存在であるケアマネジャーの仕事について考えてもらうと少し理解が進みます。

ケアマネジャーは、

①要介護（支援）認定を受けたご利用者の今後の介護の方針や具体的な計画を「ケアプラン」に落とし込みます。ここでＰＬＡＮ（計画）を作成します。

②ケアプランの実践です。ご利用者が、デイサービスや訪問介護など具体的なサービスを受けます。これがＤＯ（実践）になります。
③実践されたサービスがご利用者にとって、計画に基づいたサービスであったのかを確認します。これがＣＨＥＣＫ（確認）です。介護業界で言う「モニタリング」です。
④モニタリングの結果に基づき、改善点があればサービス内容や目標を修正します。これはＡＣＴＩＯＮ（処遇、改善）になります。

介護はケアプランを基にサービスが実践されています。まさに介護業界は日常的に「ＰＤＣＡ」が実践されている業界なのです。

しかし、先ほどもお伝えしたように、研修の場に参加してくださっている方の中には「ＰＤＣＡ」を知っている方が非常に少ない。これはぜひ、現場の介護スタッフに伝えていただきたいことです。

介護現場では二つのＰＤＣＡを回す必要があります。

一つ目は、ご利用者に対するケアプランである「ＰＤＣＡ」。
二つ目は、介護現場で働く人たちの業務を主体とする「ＰＤＣＡ」。

この二つのPDCAサイクルがあることを意識することが重要です。一つ目のご利用者に対する「PDCA」は「ケアプラン」をより一層意識することで、自分たちの仕事がPDCAで回っていることを実感できるようになります。そのために、現場スタッフにもケアプランの見方などの勉強会を行うなどして、より身近に感じてもらうような環境にしていくことも大切です。

そして重要なのが二つ目のPDCAサイクルです。

あるデイサービスの1日の例で見てみましょう。

7：45〜8：00　出社、着替え
8：00〜8：15　朝礼
8：15〜　車両運行点検、お迎え出発
9：00〜　順次、ご利用者到着
　サービス実施（入浴、食事、口腔ケア、レク、体操、おやつなど）
〜16：15　ご自宅へ
17：00〜　帰社、清掃、明日の準備、記録の確認

このスケジュールの中でも「PDCA」を意識することができます。

まず「朝礼」は1日の予定の確認です。今日のご利用者の状況や注意点など、1日がどのような

計画になっているのかを確認することができます。これはPLANです。次にサービスの実施は、文字通り「実施、実践」のDOになります。そして、その日のサービスの提供内容について記録し、家族への報告事項や次回のご利用に際しての連絡などもあるかもしれません。つまり1日の振り返り（確認）が行われ、次への提案など（改善）も行っているのです。

このPDCAを意識して現場を回すことで、スタッフは朝からの計画を予定どおりに実施できたのか、ご利用者は満足しているかなどを確認します。そしてさらに喜んでもらうにはどうしたら良いのかなどを考える雰囲気になってきます。

そしてこのPDCAを最も意識して回すのが、管理者やマネジャークラスになります。介護現場のマネジャーの役割は、まずはこのPDCAサイクルを重視した現場管理をすることです。その実践が「現場改革、スタッフの意識改革」へとつながります。その他にもマネジャーの役割は、人材育成、リーダーシップ、職場形成などいろいろとありますが、その際にもPDCAが機能してきます。その詳細は次章以降でお伝えしていきます。

第2章

経営者が陥りやすい介護現場の落とし穴

利用者満足の前に、職員満足を高めよ

現場の不満は宝の山

介護業界のみならず現場には少なからず不満はあるものです。不満のない職場などは決して存在しないでしょう。では、その不満に対して経営者やリーダーはどのような対応をしているでしょうか？

・自らすぐに不満を聞くようにしている
・申し出てくるまで少し様子を見る
・他人に対応を任せる

……その状況に応じて対応しておられることでしょう。

私は日々社労士として、職場におけるさまざまな問題や不満に対してどのように対処したらよいか、経営者やリーダーからたくさんの相談を受けています。その中でいつも思うことは、「みなさ

平成 26 年介護労働実態調査結果　介護労働安定センター

（複数回答）

項目	全体	正規職員	非正規職
職場の人間関係に問題があったため	**26.6**	**26.3**	**27.1**
法人や施設・事務所の理念や運営のあり方に不満があったため	22.7	24.3	18.7
他に良い仕事・職場があったため	18.8	20.8	14.1
収入が少なかったため	18.3	20.2	13.5
自分の将来の見込みが立たなかったため	15.9	18.3	9.6
新しい資格を取ったから	10.0	11.2	6.7
結婚・出産・妊娠・育児のため	8.5	6.5	13.8
人員整理・推奨退職・法人解散・事業不振等のため	6.4	6.3	6.6
家族の介護・看護のため	4.6	3.9	6.6
自分に向かない仕事だったため	4.1	4.0	4.4
病気・高齢のため	4.1	3.7	5.2
定年・雇用契約の満了のため	3.7	2.8	6.2
家族の転職・転勤、又は事務所の移転のため	3.7	3.2	3.9
その他	13.3	14.0	11.2

（%）

ん、本当に一生懸命かつ真剣に対応しておられる！」ということです。

それなのに、よく耳にするのは、すぐに対応しているのだけれども、どうもその不満がおさまらないとのぼやき。それどころか、悪いうわさが拡散している、というものまであります。

それはどうしてでしょう？

要するに、対処しているつもりでも、残念ながらその不満に対してきちんとした対応ができていない、ということになります。

上の表は介護現場をなぜ辞めたのかという調査結果です。

介護現場は女性が多い職場であることから、不満といってもある傾向が強くあることがわかります。

先の調査結果や私の経験からお伝えしますと、「人間関係」に関する不満が断然多いです。それはお伝えするまでもなく、みなさんよくわかっておられることでしょう。次に「経営方針・経営者」に関する不満が挙げられます。

「人間関係」に関する不満は、簡単に言ってしまうと「好き嫌い・相性の問題」と言うこともできます。仕事をしているわけですから「あの人は嫌い」「相性が合わないから関わりたくない」などは通じないはずですが、「好き嫌いの感情」が理由で退職してしまうケースは結構あります。

これはある訪問介護事業所の登録ヘルパーとご利用者との人間関係での例ですが、「あのAさんという利用者さんとは相性が合わないから担当したくない」という相談が管理者にありました。そのとき、ヘルパー本人曰く、「無理な要求をして、私の仕事を否定するから嫌だ」と。「困ったものですね……」。

ですが実際は、ヘルパーがご利用者の都合よりも自分の都合を優先する傾向があることが、ご利用者やそのご家族、また同僚職員など複数のヒアリングなどからわかりました。「自分の想い通りにならないから、自分の仕事を否定された」という表現で不満を言ってきていたのです。

基本的に「不満」というものは「主観的」なものです。

当たり前のことですが、本人の言い分だけではなく、客観的に判断、確認することが非常に大切です。

また、職場の人間関係が悪化するとチームワークが機能しなくなります。介護は異職種連携のチームワークが重要ですから、ご利用者にその影響が出てしまいます。スタッフ間の人間関係悪化の兆候は「陰口、悪口、うわさ話」の多さです。これはどこからともなく聞こえてきますし、職場のスタッフの表情や言動から目にみえて悪化していきます。

ある施設では、「たばこを吸うための小休憩」で複数のスタッフが集まると悪口で盛り上がっている、そんなこともあったため、たばこの小休憩時は原則1人にする、という規則ができてしまったような例もありました。

仕事は好き嫌いでするものではない、ということをしっかりと教育することが大切です。そのためにどうすればいいかについては、また後ほど述べたいと思います。

次に不満の多い項目が「経営方針・経営者」です。これは先述した「経営理念」の徹底が対応策となるでしょう。

経営者の「想い」が伝わっていないこと、コミュニケーションの不足が不満の原因となっていることが多いのです。不満を解消するには、とにかく「話せばわかる」のです。思いの外、コミュニケーションを多く取ることで比較的早く解消できます。そしてこれらの不満に対して、もう一つ重要なのが「スピード感」です。

不満に対して対応のスピードが遅いというのは、想像以上に相手の不満を増大させ、「不満」から「不信感」に進化させていきます。「不信感」に進化してしまうと、その解消には多大な時間を要します。速い対応で「不信感」にならないようにすることも忘れてはなりません。

よく不満は「改善への宝」と言います。「振り子の法則」という言葉があります。「快」という感情を味わうためには「不快」という感情が必要なのです。振り子の「不快」という感情が大きければ大きいほど、その反動で振り子は大きく振れます。その反対は「快」というゾーンです。「快」という感情が大きければ大きいほど、大きな「快」を味わうことができるというものです。

振り子の法則

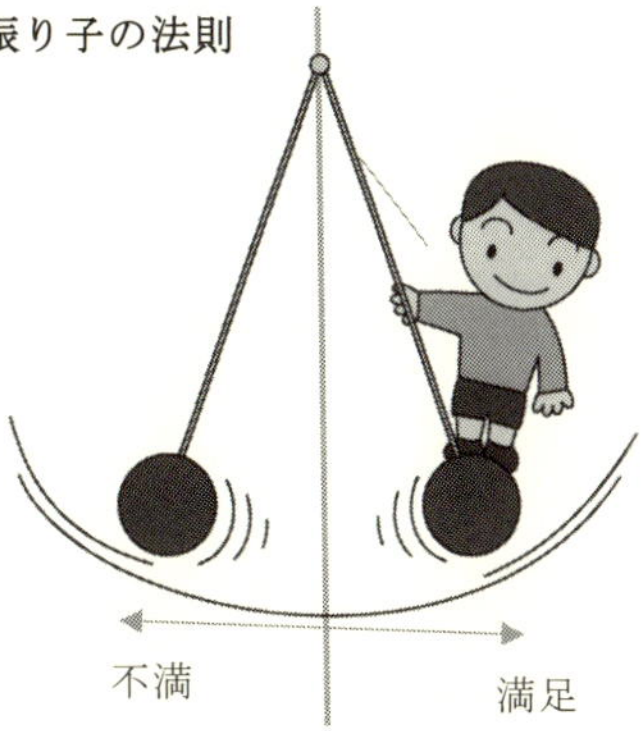

不満を改善することで満足に変換することができます。その対応が適切であり、誠意ある態度の改善は、場合によっては「大満足」「ファン」にすることも可能です。

不満を満足に変えることができれば、結果としてその職場は非常に楽しく、やりがいのある職場になるはずです。

経営理念の徹底で職員満足を高める

最近、経営計画発表会を開催する介護事業所が増えています。経営者が経営状況をオープンにして、経営実態をスタッフに知ってもらうこと、経営に関心を持ってもらうこと、そして今後の経営方針をリーダーやスタッフに知ってもらうことで、スタッフの意識を統一し、ベクトルを合わせることが目的です。

その経営計画発表会の中で、多くの事業所が取り入れているのが「経営理念の唱和」です。参加したスタッフの中には「自分の会社の経営理念を初めて聞いた」という方もいらっしゃいます。

実はこの経営理念の周知と徹底が、その事業所の団結力や組織力に大きな影響を与えていると私は考えています。

例えば理念経営で有名な「株式会社オリエンタルランド」。東京ディズニーリゾートを運営している会社です。同社のホームページを見ると、トップ画面に「企業理念」があります。そこにあるのは「企業使命」「経営姿勢」「行動指針」。

「企業使命」には「自由でみずみずしい発想を原動力に　すばらしい夢と感動　ひととしての喜びそしてやすらぎを提供します。」とあり、経営姿勢、行動指針の内容にはより具体的行動が示されています。

この企業理念をオリエンタルランドのスタッフは新人研修でみっちりと学び、共有することで、その理念の実現のために行動できています。

ご存知の方も多いかと思いますが、東京ディズニーリゾートのスタッフの９割がパート・アルバイト社員と言われています。パート・アルバイト社員が企業理念を理解し共有した結果、日本でも有数の顧客満足度を維持していることは、理念教育の成果とも言えるでしょう。


介護事業もオリエンタルランド同様、パートスタッフが第一線で活躍しているサービス業です。介護業界にとっては参考にすべき点が非常に多い企業モデルであり、オリエンタルランドの教育機関である「ディズニーアカデミー」では、介護系企業や社会福祉法人の受講も多いと聞きます。

このように、実際に自分の勤務している事業所の企業理念を知っているのと知らないのとでは、利用者満足度のみならず職員満足度にも大きな差が出てくることになるでしょう。そして時間の経過とともに介護の質、つまりサービスの質にもバラつきが出てくることが考えられます。

特に介護職は、属人的になりやすい仕事です。介護者によって技術や知識などに少なからず差があるのが実態です。ご利用者から評判の良いサービスなどは事業所内でどんどん普及し、他のスタッフもその技術などを共有できるようになれば、事業所全体のサービスの質が向上することになります。

その良いサービスの原点は、理念に基づくものになります。

例えばあるデイサービスでは「ご利用者の笑顔とご家族の安心が私たちの願いです」という経営理念があります。

この理念の実践のためには「ご利用者に笑顔になっていただく」ことが目的になります。笑顔になっていただくために、まずはそれぞれのスタッフ自身が笑顔になってサービスを提供することを心掛けました。

また「ご家族の安心」を実現するために、日中のサービス提供時間はもちろんのこと、自宅で「いざという困った」ときに、ご家族の相談にのることができる体制の整備も進めることで、スタッフ一人ひとりが「頼られている存在」を意識するようになり、仕事のやりがいを感じるという意見が増えました。

多くの組織を見てきて、職員満足度の高い事業所には、このような理念を共有するという文化が組織の根底にあると考えています。理念なき事業所・法人は、スタッフがどこに進んでいくのかを示していません。好き勝手な方向にスタッフが進んでいく可能性も大きくなります。

職員満足を高めなければ、利用者満足につながらない

どの介護事業者も、利用者満足度（Customer Satisfaction ＝ＣＳ）を高める努力は日々精一杯行

っておられることでしょう。介護サービスの充実とは何か、介護サービスの質の向上についてどうすべきか、常に考え進めておられるはずです。

そして、言うまでもないことですが、そのサービスを提供しているのは介護スタッフです。つまり介護サービスの充実、質の向上のためには、そのサービスを提供するスタッフ自身が自分の仕事や待遇に満足していないと、充実したサービスは提供できないというのも事実です。

スタッフの「ココロの充実」「働く環境の向上」に取り組まなければ、その達成は難しいということになります。

職員満足度（Employee Satisfaction＝ES）を高めることなしに、利用者満足につなげることは難しいのです。にもかかわらずそのことに気付かない経営者は、「サービスの質を上げよう」という掛け声ばかりを先行させてしまい、スタッフ周辺の働く環境の整備が遅れていることが少なくありません。介護現場における課題はさまざまありますが、多くの介護現場を見る中で、特に「働く環境の整備」についての二極化が進んでいるように感じます。

では、働く環境の整備とは何を行えばいいのでしょうか？　介護業界の特徴に「小規模事業者が多い」ということがあります。小規模な組織は大規模な組織よりもまとめることは簡単だという声をよく耳にしますが、実際は小規模な組織ほど、人間関係の問題が難しいものです。

例えば人事異動。大きな組織であれば他部署への異動などが可能ですが、小さな組織では異動する部署がないため、人間関係が悪化してもそのまま異動することなくじっとしていなくてはならないケースも多くあります。小規模な組織ほど、常に細心の注意を払いながら組織運営をしなければならないということです。

一方で、大規模な組織における「働く環境の整備」については、ルールを徹底することが必要です。組織が大きくなるに従い、多様な人材が存在することになります。多様な人材ですから考え方も経験も違うことが大前提ですので、それら人材をまとめるにはルール・規則の遵守が重要なのです。

職場では労働基準法や就業規則が働く上での基本的なルールになります。中でも就業規則については、その作成から経営者自身が検討して策定したのか否かということが、組織運営において非常に重要になってきます。よく見るのは、インターネットから就業規則を拾ってきて、その内容を検討することもなく、自社に応じた語句に変換した程度で労働基準監督署に提出しているケースです。

就業規則の内容を把握しないまま企業経営をしているという実態は、多くのリスクが潜んでいます。経営者は今一度、自社の就業規則などを熟読し、必要に応じて時代や組織規模に即した内容に変更することも必要になってくるでしょう。

働く従業員・スタッフは、ルールや体制など働く土台が安定し、安心して働くことができる職場を求めています。その上で、小規模事業所の課題にあるような良好な人間関係の構築にも取り組んでいかなくてはなりません。

その他にもＥＳの高い職場環境の形成になくてはならないものに「教育」があります。介護は「ひと対ひと」のサービス業です。サービスの質を上げるということは「ひとの質を上げる」ということに直結します。この「ひとの質を上げる」方法の一つが「教育」なのです。つまり「人材育成」は、サービスを向上させるのであれば半永久的に必要なものになります。この「人材育成」についても介護業界では二極化が進んでいるように感じます。先進的で積極的な事業所は、「人材」を「人財」にするための計画づくりをしています。人材の採用、人材教育（ティーチング）、人材育成（コーチング）、人材定着の仕掛けなど、しっかりとした計画になっています。

そして人材育成計画が個人レベルで設定、管理されている事業所も増えています。このような事業所で働くスタッフは、目的や目標が明確になっているため、仕事のやりがいなどを感じやすく、結果的に離職率の低下にもつながっています。

定着率の高い職場は、職員の満足度も高い傾向がありますので、その満足感がご利用者にも伝わっています。スタッフの笑顔が多い事業所はご利用者の笑顔も多いということは、多くの施設を見てきて強く感じます。

「スタッフが働きやすい環境とは何か」について、今一度、じっくり考えてみてはいかがでしょうか。

退職を怖がらない勇気

「きついことを言って辞められたら現場がますます困る」
「注意をしたら、翌日から無視された」
「みんな忙しいから、ミスやクレームは仕方ない」

人材の確保が厳しい介護業界では、このような言葉をよく耳にします。「現場が一番大事だから、現場スタッフには言うべきことがあっても言えない」「辞められては困るので言いにくいことを言うことに何となく臆してしまう」。そんな経験をされた経営者やリーダーはたくさんいらっしゃることでしょう。

他の業界に比べて、介護現場では「叱る力」が特に弱いように感じています。この状況の背景には、言うまでもなく、「退職されたら困る」という心理が働いているからです。「ただでさえ忙しく、常に人が足りないから増やしてほしいと現場からの要求がある中で、さらに退職者を出したりすると現場からさらなる圧力がかかるので怖い」……この気持ち、よくわかります。そして私が見る限り、介護現場ではその傾向がますます強くなっています。

ある特養の介護部長の話です。

ここ最近、ベテランの主任職員のご利用者に対する言動が荒く、入浴介助、食事介助においても他の職員から「あの態度はおかしい」「部長から注意してほしい」という声が介護部長には届いていました。しかし部長は、その職員さんになかなか注意をしません。主任は勤続10年のベテラン職員で仕事は何でもこなせます。仕事をよく知っていますので、部下を指導する立場の人材でもあります。

部長には「きちんと仕事をしてくれれば、非常に重要な戦力だ」という気持ちが強く、「注意するよりも、自分が補佐し監視していれば大丈夫」、そんな風に考えていました。また、主任の気の強さもよくわかっていたので「注意をしてへそを曲げられたら、それこそ現場にさらに支障がでる」とも思っていたのです。でも、他の職員の不満は募るばかり。なかなか注意をしない部長のことを、他の職員はその上の役職に直訴し、研修講師である私にも相談してこられました。

そこで、私が伝えたのは次のような言葉でした。

「言うべきことはしっかりと伝えてください。他の職員が部長に対して不信感を持ちますよ」

その部長がハッとしたのは、「他の職員からの不信感」という言葉でした。叱ることが苦手な部長です。性格は非常に穏やかで優しい方です。「叱る」というのも苦手なようでしたので、私からはまたこうアドバイスをしました。

「『叱る』というより『指導する』『アドバイスする』というイメージで伝えてみましょう。『いけないことはいけない』とそのまま言葉にするといいのです」

その際に重要なのは、必ず「人材育成」という視点を持ちながらアドバイスする、ということです。

「なぜアドバイスしているのか」
「あなたに成長してほしいから」

ということが伝わるようにすることが大切です。それが伝われば「アドバイス」「叱る」が「信頼関係」に発展することもあります。

最近の管理職研修は「叱り方・誉め方」というテーマでのご依頼も多く、介護業界のみならず他の業界でも管理職が「叱れない」「誉められない」という悩みを抱えておられることがよくわかります。

特にゆとり世代に対して「叱る」ことに、多くの管理者が非常に苦労しています。少しきついことを言うだけで「パワハラ」などと申し出てくる社員もいますから。確かにゆとり世代には「叱られ慣れていない」という特徴があります。学生時代に先生から叱られたことがないという社員もいるので、叱られることに対する免疫がない、ということを管理者自身が理解しなければならない時代になっています。

「誉めるときはみんなの前で」「叱るときは別室で個別に」という基本原則も押さえておく必要があるでしょう。

「任せる」と「任せっぱなし」は大違い

なぜ「任せる」ことが苦手なのか？

介護現場の「人財化」は急務です。

「人財化」とは「人材を人財にしていくこと」です。特に事業規模が拡大傾向にある事業者が成功するか否かは、「人財化」がポイントになります。そして、組織拡大の過程の中で避けて通れないのが、「自分以外の人間に活躍してもらうこと」です。

例えば、人材の採用をしたものの、「人財」になってほしいという想いとは裏腹に、「人材」どころか「人在」「人罪」になってしまうこともあります。これにはいくつもの原因があるかと思いますが、まず一つの原因に「任せる範囲がわからず、任せられない」というものがあります。

人間は「似たような想い」にはなることはできても「全く同じ想い」になることは不可能です。

ある程度の擦り合わせは可能ですが、全く同じにはなれないということをまず理解することが大切なのです。

自分基準は、相手基準ではないということを。

そこで重要なのが「相手の基準を知る」ということです。相手がどのレベルかを知ることをせずに、自分の基準や期待だけに意識を向ければ当然ギャップは生じてしまいます。部下を育成する際にも、部下の能力や経験を理解した上で、「ここまでならできる人だが、これ以上は少し難しいので、そこは自分がフォローしよう」と思えば「任せる範囲」が決まります。

事業の連携においても同じことが言えます。自社と連携する企業との役割分担、つまり相手企業との間で「任せる範囲」を決めておくことが、スムーズな連携には必要です。人材の育成においては、この作業を繰り返すことで、上司は「任せる」ことを覚え、部下は「任せられる」ことで自分の成長を感じることができるのです。

「人材」を「人財」にする「人財化」には、この「任せる範囲」の理解が重要です。

また、介護現場でよく言われる課題といえば、「役割が不明確」ということです。慢性的な人材不足から、少ない人数で現場を回すことが普通になっています。少ない人数ですから、一人当たりの役割も当然増えます。今までにやったことのないことまでやらなければならない場面も多く発生しています。そのようなことの積み重ねが、本来の業務なのか、補佐的、臨時的に行う業務なのかを不明確にしているのです。

どこまでが自分の仕事なのかを示す「役割の明確化」は、今後の介護事業の効率化などにおいても重要な要素になってくるのではないでしょうか。

他にも「任せられない」原因はあります。「自分でやった方が早い、間違いも少ないから安心だ」という意見です。

しかし、このような状況が続くと次のようなことが起こります。

①部下が成長しない
②部下の積極性がなくなる
③課題解決力が育たない

最大の罪科は「部下の成長の機会を奪っている」ということです。部下から見れば「何でもやってくれる上司」となるわけで、これでいいわけはありません。「自分がミスしても上司がカバーしてくれ、責任を取ってくれる」なんて思われてしまっては困ります。上司が取る責任と部下が取る責任には大きな差があります。意味が違います。責任を感じることは、自己成長には必須事項です。

次に同じミスはしないという思いになることが重要なのです。

「自分がやった方が早い」と言って、本来の部下の仕事を上司がやってしまうことの弊害を考えなければなりません。

そして、介護業界では「未経験者」の力が必要になっています。入社した部下を、「大変な仕事ばかりやらせると辞めてしまうかもしれない」などと腫れ物に触るように扱うことはその本人にとってはマイナスになりますので、「自分でできることは積極的にやらせてみる」という姿勢が重要です。その結果次第で、「任せる」仕事も増えてくるはずです。

任せて任さず

「任せて任さず」

これは松下電器産業の創業者である松下幸之助さんが残した有名な言葉です。この名言の意味は、「任せっぱなしにするのではなく、しっかりと気にかけてフォローすることが大切」です。

介護事業に異業種から参入し、「介護はよくわからないけれど、現場は介護のプロに任せている」という経営者に時々お会いします。この「任せる」が非常に危険なのです。

私が多く目の当たりにするこの「任せる」の結果は、「任せっぱなし」に。任せっぱなしにした結果、任せた介護のプロとの距離が次第に離れ、退職に至るケースが非常に多いのです。

事業がスタートした当初は、お互いに不安な面もあることから確認しあうことも多くコミュニケーションも豊富ですが、次第に自分の仕事に自信もつきはじめ単独で判断するようになってくると、「経営者も『任せた』のだから責任を持ってやってもらえればいい」と思うようになっていきます。

しかし、実はこの「単独の判断」の繰り返しが、「独自の判断」つまり「独断」になってしまう傾向があるのです。重要なのは「単独の判断」をしっかりと報告させる、そして意見を交換し、その都度「確認する」という過程です。

つまり、「共有」することが重要なのです。

「任せる」とは、「もし万が一不都合が発生した場合にもフォローできる体制」にしておくこと。不祥事やクレームなどが発覚した際に「私は知りませんでした」ということでは「任せた」ことにはならないのです。そのような場合、世間は「任せっぱなし」「野放し状態」と思うことでしょう。ですから、「報連相」を定期的に実施する機会をつくるなどの社内体制の整備なども重要な仕掛けになります。

そしてもう一つ「任せる」には重要な意味があります。

それは「部下育成」には欠かすことのできないものだということです。部下に仕事を覚えてもらうときや仕事を教える際に重要なのが「任せる」です。

次の二つの例で比べてみてください。

「その仕事を◯◯君にどうしても覚えてほしいんだ。しっかりマスターしてくれ、頼むよ」

「その仕事をどうしてもマスターしてほしい。とりあえずこのテキストを読んでほしい、頼むよ」

どちらの言葉がより相手に響くでしょうか。多くの方が、最初のような声を掛けられるとやる気が起きると言います。二つの文章の違いは「名前という固有名詞によって単独指名があるかないか」です。そしてもう一つの鍵は「とりあえず」という言葉です。私も部下に仕事を頼むときや教えるときに、この二つの点を強く意識しています。

まずは名前です。これがあると、自分への期待の大きさを感じます。逆に「とりあえず」という言葉は「自分じゃなくても誰でもいいのか」という印象を持たれてしまいます。

私も居酒屋で「とりあえずビール」と言いますが、よくよく考えると「ビール」に対して失礼な話かと。「私は『とりあえず』なのか」と思っているかもしれません。「ビールを飲みたい」と単独指名されることほどうれしいことはないでしょう。「人を育てる」ときも同じで、「とりあえず君にやってほしい」などと言われてやる気になる人はいないでしょう。「○○君にやってほしい」という単独指名が、「あなたに任せた」というメッセージになっているのです。

任せることによって発生するのが「責任」です。責任を持って仕事をするということは、「自分が任せられた」と自覚して取り組むことです。無責任な仕事をする人は、「自分は任せられていない」という意識が必ずあるものですので、他人の責任にしてしまいがちなのです。

仕事をマスターすることが速い人材は総じて責任感があります。自分がやらなければならないという使命感もあります。

このような使命感や責任感を与えることが「任せる」ということなのです。そして同時に、「任せて任さず」の意識がとても重要です。

社内No・2の存在を過信するな

「成功した起業家には必ず名番頭がいる」

みなさんは、番頭さんと聞いて何をイメージするでしょうか？　社長の右腕として、もしくは相談役として捉える方も多いでしょう。

以前、私は名古屋のコンサルティング会社に在籍していたとき、「経営後継者講座」を担当していました。それは、家族経営に近い規模の会社から名古屋を代表する会社のご子息までを1年間にわたり教育するプログラムです。参加するメンバーは二代目の後継者で、人数は10人以下と少数精鋭。月曜日から金曜日、9時半から16時半まで、帝王学、現場の見方・改善、経理、労務、生産、営業など、次期経営者として必要な知識を身につけていっていただきます。また、年間約70社の企業訪問も行います。このプログラムに参加していたある受講生が、企業訪問の際、どこに行っても必ず同じ質問をしていました。

「No・2と二代目の違いについて、教えてください」

私は当初、No・2も二代目も同じ印象で、なぜ彼がそこにこだわるのかわかりませんでした。ある日、私は彼に「いつも同じ質問をしているね。◯◯君は二代目だよね」と聞きました。

すると彼はこう言いました。

「うちの会社の今の社長は兄貴なんです。僕は兄貴を支える立場でありますし、もしかするといずれ経営者になる可能性もあるんです」

なるほど、でした。その他の受講者は、みんな後継者です。つまり社長の息子ですので、二代目の役割に集中して学んでいたわけです。しかし彼は、すでにNo・2の役割も担っており、企業訪問する度にその質問をしていたのです。そして、その彼の質問は、ほかの受講者にも影響を与え、効果を発揮しました。自分の会社のＮｏ・２を意識してみるようになっていったのです。

現社長のＮｏ・２、いわゆる番頭さんと社長の関係を意識して、自分が社長になったときに誰を自分の番頭さんにした方がよいのかを考えるようになっていました。

企業訪問で伺った社長からよく教えていただいた先の質問の回答で多かったのは、

「二代目は自分の経営したい会社をイメージしなさい。こういう会社にしたいというあるべき姿を描くことが重要です」

「Ｎｏ・２は、現社長がどのような経営をしたいのかを知ることが重要であり、その実現に向けた仕掛けや仕組みを作ることです。ただし同時に『ダメなものはダメ』とか、ときには『嫌われ役』になることも重要です」

というものでした。

明らかに役割が違います。

私のそれまでの番頭役に対するイメージは、どちらかというと社長の「イエスマン」でした。「ダメなことはダメ」だと進言できる存在はやはり重要だと改めて感じたのです。

介護業界の後継者問題で見ると、戦後まもなく設立された社会福祉法人の経営トップの交代が始まっています。中には三代目という歴史のある社会福祉法人もあります。取引銀行などが後継者講座などを実施していることもありますが、私が携わってきたようなプログラムも、今後は社会福祉法人向けの需要が増えるのではないかと考えています。特に社会福祉法人は非営利組織であるため、利益の継続を目的とするマネジメントとは異なることから、理念や成果をより意識した難しいマネジメントが必要になるため、後継者の非営利組織マネジメントは大変重要になってくるでしょう。

一方で、介護事業へ新規参入した企業でも同じように、後継者教育やＮｏ・２の幹部教育が重要になっています。私の顧問先においても、良いＮｏ・２のいる会社は組織規模を拡大しています。兄弟で経営しているデイサービスや、大学時代の先輩後輩で有料老人ホームを経営している会社、介護経営勉強会で知りあった志を同じくする同志で有料老人ホームを経営していたりとさまざまな形態はありますが、コンビで経営している会社の業績は、比較的良いところばかりです。経営者とＮｏ・２（番頭さん）という2トップ体制は成功の法則になってきています。成功の法則のベースには、「お互いの信頼関係」、「お互いに尊敬している」というものが必ずあります。Ｎｏ・２から社長を見れば「さすが社長、尊敬します」という気持ちが、また社長からＮｏ・２を見れば「さすが専務、頼りになるわ」という信頼があるのです。

しかし、Ｎｏ・2との関係が上手くいかなくなることも想定しておかなければなりません。暖簾分けやＦＣ化などの前向きな独立であれば良いのですが、残念な独立をする場合もあります。またＮｏ・２が独立するときに、同じエリアで独立することもあります。介護業界は、働く人もその地域から、ご利用者もその地域からという非常に地域性の高い事業形態を取っています。独立する際に、スタッフを引き連れて独立したとか、仲の良いご利用者さんも一緒に移動したなどの話も少なくありません。

法的な効力についての意見は分かれるところですが、あるデイサービスでは就業規則に「競業避止条文」を盛り込み、誓約書で提出させている事業所もあります。No・2の番頭さんとどのような会社にしていくのか、常にイメージを共有することが、これからますます重要になってくるでしょう。

法律・制度変更に疎いために招く危機とは

介護事業は制度ビジネスということを忘れるな

いまや介護業界にも「ビジネス」という言葉はかなり浸透してきています。介護保険制度の導入によって、デイサービスや訪問介護事業に異業種からの参入があり、一気に介護ビジネスという言葉が広がりました。

介護保険制度がスタートした当初に参入した事業者にとって、次の2点は特に大きな魅力であったはずです。

①国が決めた報酬であり介護報酬の値崩れの恐れが少ない

②サービス提供の2カ月後には国保連から確実に入金される

①については、実際のところ、値引きは一定のルールの届け出をすることで可能ですが、地域によって多少の差はあるものの、みなさまもよくご存知のとおり基本的には全国一律の報酬体系となっています。また②についても、ご利用者から一部負担金が未収になるケースもありますが、費用の9割が国保連から確実に入金されるシステムになっています。

このような理由から、一般的なビジネスの起業と比較すると、安全かつ安定的なビジネスであるという判断が多かったように思います。

しかし、介護事業は税金や社会保険料などの国費が投入されるため、国が定めた制度のもと、多くの制限や基準が細かに規定された制度ビジネスであるということを忘れてはならないのです。

従来は社会福祉法人にしか認められていなかった介護サービスの提供が民間企業にも解禁されたわけですが、完全に自由になったというわけではなく、一定の縛りの中だけで認められた制限的自由市場なのです。

そもそもこの市場の成り立ちは、社会的弱者保護が主旨である行政機関による措置制度がベースとなっているため、大前提として利用者支援や利用者保護のためのルールや規制は堅持されています。その厳しいルールや規則などを遵守しつつ、ご利用者のニーズを満たすための新しいサービスを考えることも求められます。この介護業界で生き残っていくことの難しさを表しています。

では、事業者はどのような点に注意する必要があるのでしょうか。地域から選ばれている事業者の成功事例に見ることができます。

例えば直近2015年4月の改正時にも、「加算」に関する改正があり、事業者のみなさんはその対応に追われたのではないかと思います。実際、2015年改正においては、デイサービスの「認知症加算」や「中重度者ケア体制加算」など新しい加算が新設されました。

実はこの加算については、改正前からさまざまな情報が発信されていました。内閣府の経済財政諮問会議においては数年前から、今後急増することが予測される認知症対策についての議論がありましたし、特養の原則介護度3以上の利用限定などの議論から、中重度の利用者に対する体制の整備が必要であると示されていました。

経営者にとって、ここ数年の介護報酬改定は非常に厳しいものとなっていますが、実はその予測はある程度可能なのです。成功している事業者はその辺りの動きを敏感に察知しています。そのアンテナは厚生労働省だけではなく、内閣府、総務省、経済産業省など、介護を取り巻く周辺分野に関連する省庁からの情報発信にも向けられています。

例えば内閣府の経済財政諮問会議では、経済・財政・金融など今後の方針が話し合われており、福祉・介護に関することが議題にのぼることも多いので、このような資料を読んでおくだけでも今後の自社の方向性を検討することに役立ちます。

他にも経済産業省では、平成28年3月24日に「将来の介護需要に即した介護サービス提供に関する研究会」の報告書を公表しています。ここでは「介護ロボット」「保険外サービス」「介護現場の効率化」など、今後の介護分野における課題になる研究や分析がなされています。また国土交通省では「サービス付き高齢者向け住宅」の取り組み施策が検討分析されています。

このように、多方面から情報収集するためのアンテナの感度を磨くことは、介護業界のみならず、経営戦略上は当然しなければならないことです。

そしてその予測は実際の経営計画や事業計画にも反映することにもなります。いわゆる中長期経営計画の作成も、このようなマクロ的な視点なくしてはできません。3年から5年後の経営シミュレーションをしているかどうかが非常に重要になってきます。中長期経営計画に関しては、福祉サービス第三者評価でも、その策定の有無やその周知の度合いなどが評価項目になっています。まさに福祉・介護業界においても、中長期の経営計画が必須になっていることがわかります。

ルールや制度に縛られている事業だからこそ、差別化をしにくい業界でもあります。今後の予測を重視したマネジメント（ＰＤＣＡ）の実践が差別化になることは間違いありません。

関連ビジネスでチャンスを

介護業界は介護保険法、障害者総合支援法、児童福祉法など、ルール遵守とコンプライアンスが要求される制度の中で成立しているビジネスであるということは先ほどお伝えしたとおりです。

いま国は、２０２５年を目途にした「地域包括ケアシステム」の構築に向けて、福祉・介護・医療業界と普段の生活の連携を重視した仕組みをつくろうとしています。従来の要介護者などを主とした介護を必要とする方を対象としたサービスだけではなく、自立や要支援の方を対象とした「生活支援サービス」「健康支援」など、高齢者全体を対象とした支援に広がっていくことになります。

その広がる領域については、介護保険制度を活用しない支援体制の構築を検討しています。まさにこの領域は新しいビジネスチャンスと捉えることもできるのではないでしょうか。いわゆる「自費サービス」です。ただ、この「自費サービス」については、介護保険制度の補完というよりは、マーケット対象が異なる新しいサービスとして普及させるような考え方が必要ではないかと私は思っています。

利用者側から見れば、1割負担であった「家事支援」などが2割、3割と負担が増え、内容によっては完全自費になるかもしれないという不安からなかなか受け入れられないという状況があります。一方、既存の介護サービスを提供している事業者側から見ると、従来の報酬単価よりもさらに安価になることから、本格的に「生活支援サービス」へ参入することは経営的に厳しく、慎重な事業所も多いのが実状です。

しかし、2015年4月以降、一部地域ではその実践も実験的にスタートしていますので、その動向にも注目する必要があります。制度的には「介護予防・日常生活支援総合事業」(新総合事業)のガイドラインがあり、その内容を把握することで、今後の事業計画などにも検討すべき事項が出てくるのではないでしょうか。

2025年には団塊の世代が75歳以上になりますが、この世代は比較的仕事などでパソコンを使っていますから、パソコンが活用できないということも減っていることを予想して、新しい取り組みを考えていくことが大切です。すでに生活支援サービスを始めている事業者の方にお話を伺うと、「既存の介護サービスをコア事業として一層活かすためには、自立の高齢者や予防を重視する高齢者などターゲットを広げたサービス支援が必要であり、自分の事業所のファンづくりを目的にしている」とおっしゃいます。

現状、新サービスで利益を出すというよりは、将来の見込み客を獲得するというファンづくりに視点を置くこと、また新サービスの商品開発的なテストマーケティングという意味で、そして将来的にコア事業を利用していただくような方向性で実施しているように思えます。

それから、現時点で介護事業に参入していない企業も、この「生活支援サービス」にはビジネスの可能性を感じてすでに動きだしているようです。このような企業にとっては、新総合事業という制度を活用して事業拡大をしようという発想です。既存の介護サービス事業者にとっては、報酬単価が下がるというイメージですが、新規参入組にとっては、少しでも報酬がもらえるのであれば、参入を検討する余地あり、ということでしょう。すべてを企業負担で実施しようとしていた事業が、新総合事業の制度が活用できるようなアイデアを考えています。今後はこのような新規参入企業にも注目です。

法律・制度変更の情報は専門家から

福祉・介護業界は介護保険法、障害者総合支援法、児童福祉法などの法律に基づいた制度で、数年に1度の法改正や制度変更が行われ、事業者はその変更に対応していかなければなりません。法律の改正や制度変更がある度、士業事務所、コンサル会社、研修会社などがセミナーを開催しています。このようなセミナーへの参加は年々増加しています。弊社のセミナーも然りです。

私も情報収集としてセミナーに参加しますが、タイトルと内容の乖離にがっかりすることもあります。福祉・介護業界は、制度を理解していないと経営はできません。福祉・介護に精通していることと、経営についても理解しているという両輪を備えているセミナー・研修が今後ますます求められるようになるでしょう。

また最近は、助成金を受給する福祉・介護事業者もかなり増えております。私も社会保険労務士ですので、助成金の申請のお手伝いも増えています。助成金についていえば、正直なところ「知っているもの勝ち」という側面があります。知っていれば受給できますし、知らなければ受給できません。日本という国は、基本的には「申請主義」ですので、制度を理解し、要件を満たしていても、自分から申請しなければ助成金を受給することはできません。

近年の厚労省関係の助成金の特徴として、「計画書」の作成が必須になりつつあります。特に「人材育成」や「制度構築」においては、「計画書」の策定が非常に重要視されています。

これらの制度改正や人材育成については、「就業規則の変更」が要件にあることもありますので、「助成金がもらえるから」といって、できもしない制度を無理して構築すると後で自分の首を絞めることになります。しっかりと目的や目標を定めることが大切であり、安易に就業規則等を変更することはお勧めできません。重要なことは、「助成金ありき」で制度を構築したり、人材育成をしたりしてはいけないということです。

これは実際にあった、あるクライアントからの相談です。

「人材育成をしたい、そして助成金も活用したい」とのご相談がありました。「介護の人材育成はとても重要ですから、お手伝いします」と快諾して、人材育成計画の作成から申請手続きも行い、

1年にわたる研修がスタートしました。人材育成計画では、1年目にリーダー研修と新任教育、2年目に中堅職員研修、3年目に評価制度構築研修の内容を相談の上、決定しました。ところが2年目の研修に入ろうとしたときです。予定していた助成金が廃止になってしまい、当初予定の約6割の別の助成金を活用せざるを得なくなり、相談しました。すると、社長から「今年は予定していた助成金がないから人材育成は中止します」との連絡がありました。これは結構ある事例です。

実際、近年の助成金は研修などが終了後に支給申請して受給する形式ですから、研修スタート時は事業者に一時的に費用負担をお願いしなければなりませんので、負担が出てくることはご理解いただいた上でスタートします。

先の社長は、「お金がないから人材育成の費用がない」という理由でした。

確かに報酬減額改定による影響もあり、厳しい面もあるかと思います。研修会社やコンサル会社もボランティアではありませんので、費用負担ができなければ研修を開催することはできません。

一方で「人材育成は投資である」という考えから「人材育成は絶対重要、その上で助成金があれば活用したい」というスタンスの社長もいらっしゃいます。全国で多くの事業所を見てきていますが、やはりこのような事業所は、総じて事業所のレベル、介護サービスのレベルは高いのです。

助成金はあくまでも「補助」である、ということを理解した上で活用することが重要です。

そして助成金については、制度が突然変更されたり、制度が廃止されたりすることもありますので、助成金に感度が高く、精通した社会保険労務士と、常日頃から連携しておくことも役立つと思います。

◯福祉・介護業界で活躍が予想される士業専門家

いま、福祉・介護業界では、認知症の急増や虐待問題、また詐欺事件の増加などから「利用者の権利擁護」「人権保護」などについても深刻な問題となっています。成年後見制度や財産管理、年金相談、相続問題など、高齢者の生活場面に関連する法律的な相談も増えています。

例えば、成年後見制度、相続、財産管理などは「弁護士」「司法書士」などが、年金相談などは「社会保険労務士」が、税金に関する相談は「税理士」が相談にのることができます。私が理事を務めている「一般社団法人　福祉経営綜合研究所（通称：ふくしまる）」では、「サポーター」と称した士業が、会員企業からの相談にのることができます。現在は、弁護士、司法書士、公認会計士、税理士、社会保険労務士、行政書士にご協力いただいております。

多くの福祉・介護事業所を回る中で、ご利用者自身やそのご家族、親類など、このような問題を少なからず持っており、実は相談したいと考えている方が多いことがわかりました。

小規模な事業所が多い業界ですから、個別に顧問契約する費用も負担がかかることからこのような体制を整える社団法人が必要であると考え設立しております。

ご関心のある方は、「ふくしまる」で検索いただき、ホームページをご覧ください。

http://www.fukushimaru.jp/

地域包括ケアシステムにどのように対応すべきか？

地域包括支援センターにニーズを伝える

みなさんもよくご存知のとおり、「地域包括ケアシステム」の構築に向けた取り組みの中で、地域包括支援センターの役割は重要になってきます。その主な役割は次のとおりです。

・地域に住む高齢者の総合相談、権利擁護や地域の支援体制づくり

・介護予防のための援助

・高齢者の保健医療の向上および福祉の増進を包括的に支援すること

さらに業務内容としては、

・地域住民が安心していきいきと過ごせるようにあらゆる権利を守ること
・介護だけでなく、医療、福祉、生活に関わるあらゆる総合相談を受けること
・要支援・要介護の認定を受けた人や受ける可能性のある人が地域で自立して生活できるよう介

【地域包括支援センターが抱える課題】

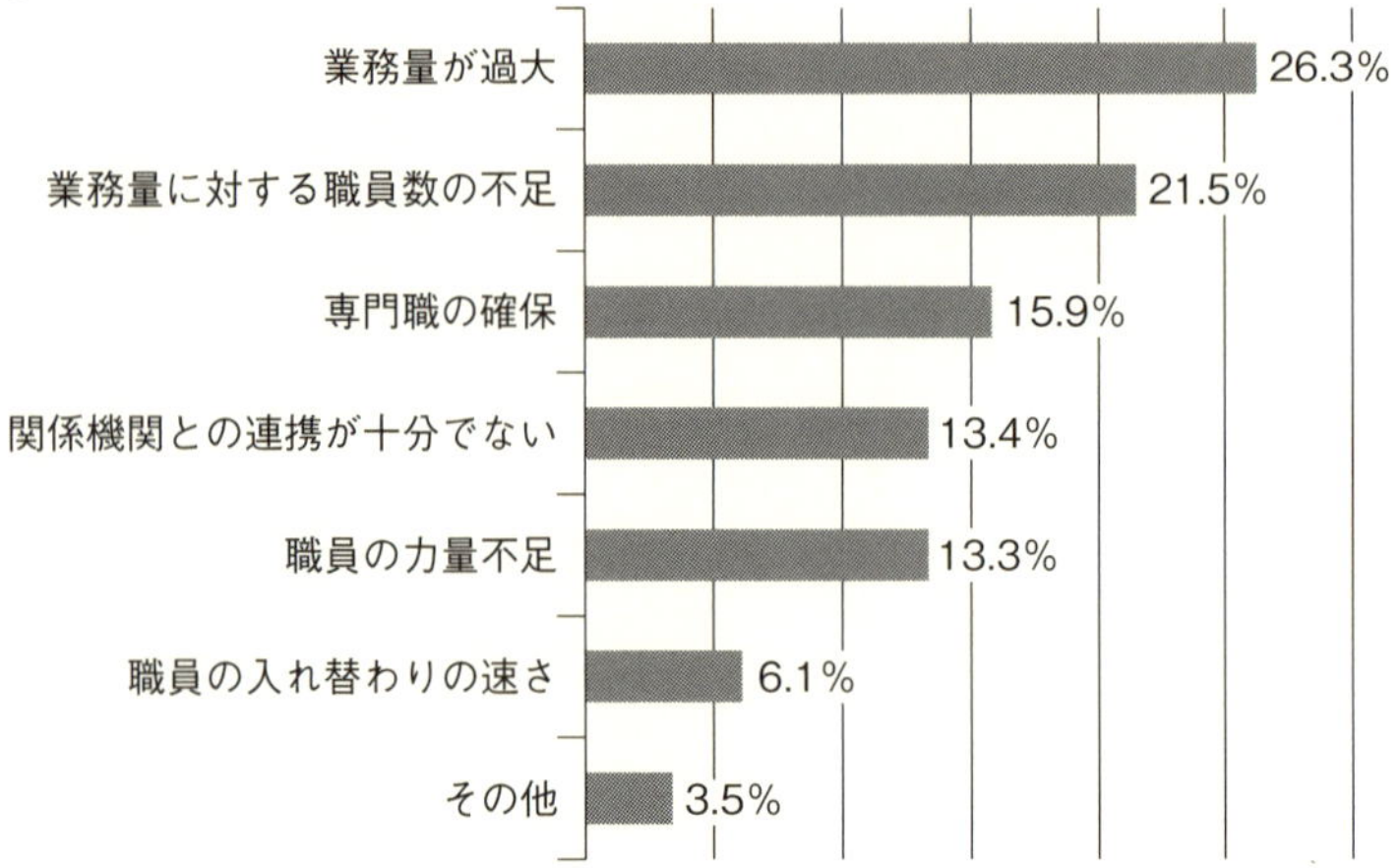

（資料）平成23年度老健事業「地域包括支援センターにおける業務実態に関する調査研究事業」（三菱総研）

護保険や介護予防事業などを活用して支援すること

・暮らしやすい地域を目指して、いろいろな機関と連携しながらケアマネジメントの体制を調整すること

しかし現在、地域包括支援センターの業務については、業務量が多すぎる、連携が機能していないため非効率である、人材不足、ケアプランセンター化している、など課題も多く業務内容の見直し、改善が議論されています。

今後、「地域包括ケアシステム」の基幹的な機能を期待されているわけですから、現在の課題の克服は急務であると言えます。

そのような現状の中で、今後の地域包括ケアシステムの構築に向け、私が注目しているのは次の３点です。

①地域の支援体制の構築
②医療・福祉・生活に関わる総合窓口
③地域の機関との連携とマネジメント機能の強化

特に①の地域支援体制の構築をするためには「地域の実情、社会資源の把握」が必須事項です。また、②の医療・福祉・生活に関わる総合窓口の実現に向けては、「生活」という部分に注目しています。元気な高齢者、自立している高齢者に対する健康支援、介護予防事業などは新しい事業者が参入することもあるため、広く情報をキャッチするアンテナが必要になります。最後に③については地域福祉のディレクター的機能が求められます。一般的に連携事業の難しさは、「誰がまとめるのか」にかかってきます。

そのまとめ役が地域包括支援センターになることが求められています。このまとめ役の差が地域の福祉力の差になるのではないかと思います。

施設・事業所の統合で進む大規模化

ここ数年、介護業界では民間の介護事業者の事業譲渡やＭ＆Ａが頻繁に行われるようになってきました。また、２０１５年4月の介護報酬改定の影響は、特に小規模のデイサービス、訪問介護事業者に大きく、廃業に至るケースも増加傾向です。

私の会社にも「経営はこれ以上できない」「制度改正の度に振り回される業界に疲れた」「介護事業以外の柱になる新規事業を考えたい」などの相談が増えています。

今までは介護事業の終了については「廃業」という形が多かったのですが、最近は事業譲渡やＭ＆Ａという形をとることで、ご利用者が引き続き利用でき、また従業員も引き続き雇用可能な形で介護サービスの提供は継続するようになってきています。今後もこのような事業譲渡やＭ＆Ａによって、経営力のある事業者が事業規模を拡大する傾向はしばらく続くのではないかと考えています。

一方で、社会福祉法人についても規模の拡大傾向にあると言ってよいでしょう。平成18年に「社会福祉法人経営の現状と課題」報告書（社会福祉法人経営研究会）が社会福祉法人の規模拡大の必要性について触れています。

社会福祉法人の約9割が中小規模の法人で、中小企業基本法では「中小規模とは従業員100人以下または資本金5000万円以下とのサービス業（福祉等）」と定義されています。社会福祉法人に資本金はありませんので、社会福祉法人の7割が従業員100人以下の小規模で事業展開をしているということです。

しかし、今後は福祉に対するニーズが多様化し、多岐にわたるサービスを提供できる施設が求められるようになってきます。そうなると、小規模な法人では人材もいないことから新たなサービスの体制を構築することも難しくなります。従来のような「一法人一施設」を基礎とした規模ではなく、複数の施設・事業を運営し、多角的な経営を行える＝「規模の拡大」を目指すことが有効な方策ではないでしょうか。今後は小規模な社会福祉法人同士の連携や合併など事業規模を大きくするなどの策を厚労省も推奨していくのではないかと思います。

そして実際、福祉医療機構の「平成26年度　社会福祉法人の経営状況について」という報告書に、「規模別の経営状況では、サービス活動収益規模が大きいほど赤字法人の割合は減少しており経営が安定していた」との一文がありました。また、事業規模の拡大によって複数事業が可能になり、次のようなメリットがあったとしています。

「事業間で共通して使用する備品等の一括購入による経費削減ができた」
「事業間で人事異動を行うことによる職員のキャリアプランの充実が図れた」

「障害福祉サービスの利用者が高齢化することに伴う介護保険事業との連携」

このように社会福祉法人は、規模の拡大に対応しなくてはなりません。そして組織が大きくなると、経営マネジメントがますます威力を発揮することになります。

組織が拡大するということは、必然的にスタッフが増えます。小さな組織であったときは、経営者や管理者の目が届きやすいこともあり比較的管理もしやすいのですが、規模が拡大するとともに管理者等の目も届きにくくなり、人間関係の問題や人材教育の問題など「ひと」に関する新たな課題も発生します。ですが、広範な人事異動が可能となったり、その中で職員のキャリア形成を図ることも可能になったりとメリットも大きいです。また計画的かつ定期的な人材募集が可能になるでしょう。

第3章

組織の問題点はここにある

「施設長」「リーダー」「スタッフ」しかいない組織はなぜダメなのか？

「小規模だからポストがない」は間違い

福祉・介護施設の大多数が中小規模の組織です。平成26年度社会福祉法人の経営状況（福祉医療機構　調査）によると、社会福祉法人の約7割が従業員数100人以下の小規模の組織です。

小規模な組織と大規模な組織では、どうしても人の問題での差が出てきます。大規模な組織は、さまざまな部署がありポストも多くあるためキャリアアップがしやすい環境にあります。また人材も豊富なので、さまざまな経験を有する先輩から学ぶ機会も多くあります。

一方で小規模な組織では、部署も限られます。人材も少ないので、豊富な経験を持った先輩も多くはいないでしょう。少ない人材で仕事を回さなければならないので、一人当たりの仕事量や仕事の幅は大きくなりますが、自分のやる気次第ではいろいろな経験をするチャンスも多いのです。ですから、小さな組織はキャリアアップしにくいなどと考えている方もいらっしゃいますが、実はその気になればいくらでもキャリアを積むことはできるのです。

例えば就職活動中の学生の中でも、中小企業希望の学生は「多くの仕事が学べるから」「部分的な仕事ではなく総合的な仕事で、自分が中心になって働きたいから」と言います。「多くの仕事が学べる」、つまりキャリアアップしやすい組織は、小規模な組織なのではないでしょうか。そしてその小規模な組織が多いのが、介護業界なのです。

いま福祉・介護施設では、「キャリアアップ」「キャリアパス」という言葉がキーワードになりつつあります。特に「キャリアパス」は、介護職員処遇改善加算の要件にもなっています。しかし、キャリアパスの仕組みを検討する中で、「うちは小さな施設だから、そして人数がいないからピラミッドのような階層はできないよ」と言って、最初から諦めてしまう方もいらっしゃいます。でも逆に小さな組織だからこそキャリアパスは必要ですし、作ることに関しても全く問題ありません。

人が働く組織には、必ずキャリアパスが必要だと私は考えています。キャリアパス制度の目的は、仕事における道しるべを「見える化」し、自分の成長に活用することです。あなたの職場ではどれだけの方が、

「この会社で、自分が将来どのような姿になっているのか」

をイメージできているでしょうか？

「私は、3年後に介護福祉士の資格をとってご利用者に専門的な支援をしたい」
「5年後にケアマネジャーになって、地域の皆さんによいサービスを提供する施設を紹介したい」
「10年後は、施設の経営に携われるようなマネジメント力を身につけたい」

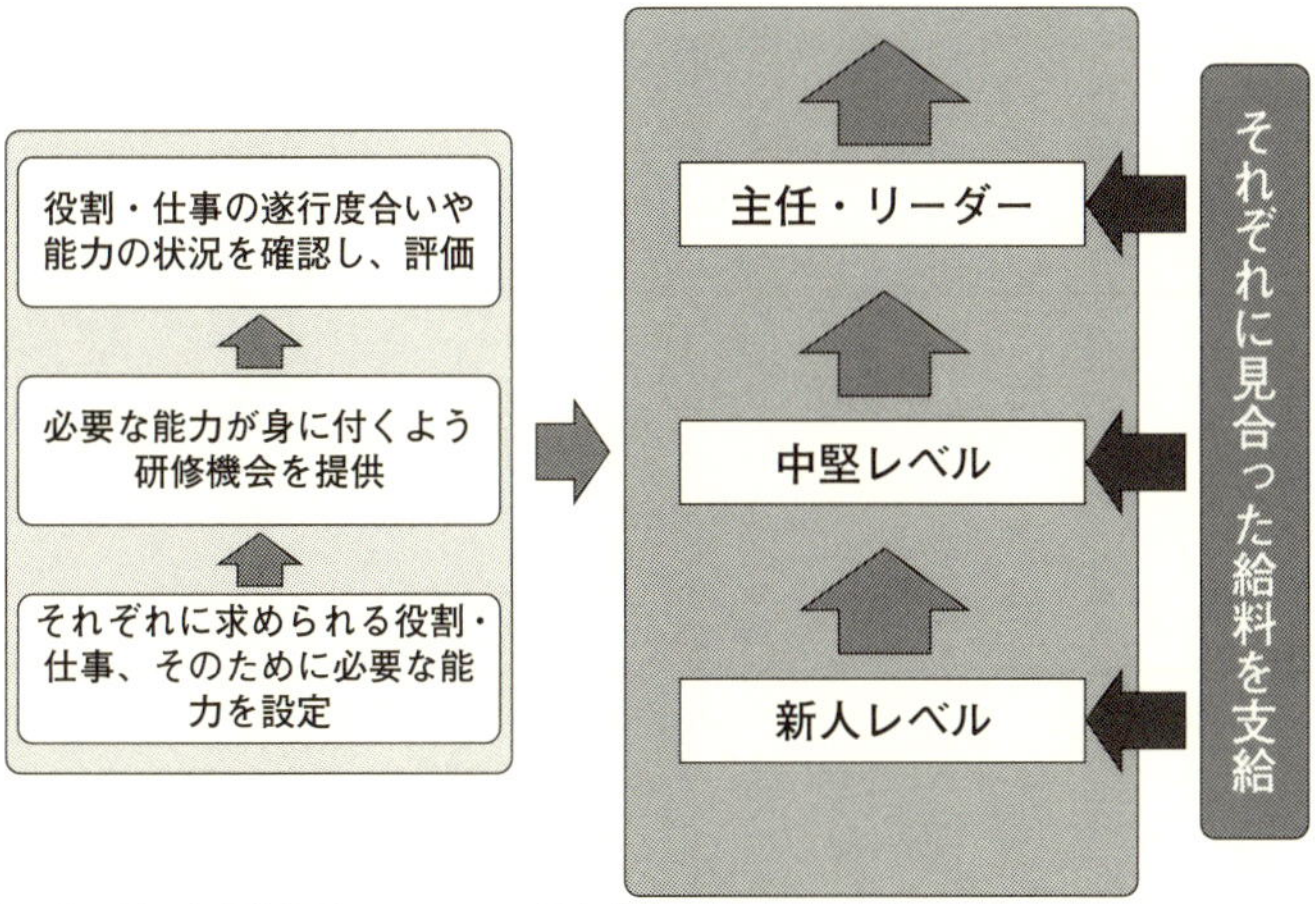

出典：静岡県　介護事業所キャリアパス制度導入ガイド～12の成功事例～より

これがキャリアパスです。自分の将来像がイメージでき、その人材に近づくためにはどのような努力・勉強が必要であるのか、そして定期的に現状を判定する、つまり評価するという「道しるべ」が、人材の成長には必要になるのです。

どんなに小規模な組織であっても、最低3段階は必要だと私は思っています。できれば5段階、6段階のキャリアを策定することに挑戦してみることです。社員と経営者しかいない2階層のキャリアパスだった場合、入社したばかりの社員が次に目指すのが「経営者」ではあまりにもかけ離れており、またレベルが高すぎます。

まずは「リーダー」を目指すあたりが現実的だと思います。入社後3年でリーダーになるという目標を決め、そのために必要なことは何か、どうしたらリーダーになれるのかを知ることができれば、最短、ムダなしで効率的にリーダーになれる可能性も高くなります。

そしてこの階層を検討する際に、大切なことがあります。現時点で人材がいなくても、いるということを仮定してキャリアパスを策定することです。例えば、いま2人しかいない組織でも、5年後には5人になっている可能性もあります。その5人のポジションと役割を検討していくのです。

これは人材を採用する際にも、入社希望者に対して説明することで、自分の将来像もイメージしやすくなり、入社直後から目標を持って仕事をする人材として期待もできます。

是非、理想のキャリアパス制度をイメージしてみて下さい。

役割が不明確な組織は隙間だらけ

「あなたの仕事の担当を教えて下さい」

「あなたの仕事の役割を教えて下さい」

この質問にとっさに答えられる方は少ないと思います。すぐに答えられる方は、この質問に対する答えをあらかじめ準備していたのでしょう。また、準備ができているということは、普段から意識して考えているということです。

あるデイサービススタッフはこう話してくれました。

「私の仕事はご利用者の支援です。具体的には午前中は入浴介助、午後は順番ですが、レクリエーションの担当もしています。そして、その記録を連絡帳に記入することが、ご利用者支援に関する主な仕事です」

またあるリーダーは、

「私の役割は、職場の雰囲気づくりをすることだと思っています。ご利用者に笑顔になってもらうために、笑顔で声掛けをしています。またスタッフの表情や言葉遣いからスタッフの行動を観察し、時には指導やアドバイスをすることが私の役割です」

と。

この2人は確実に自分の仕事を知っています。自分が何をすべきかわかっています。さらに職位が高い方にもお聞きします。

「管理職の仕事は何ですか？　普段何を管理していますか？」

「施設長の仕事は何ですか？　スタッフの仕事は何ですか？」

同じように、パッと答えられる方がどれだけいるでしょうか？

管理者研修などでは必ずお聞きしていますが、言葉に詰まってしまうケースが少なくありません。管理職や施設長クラスになれば、業務も多岐にわたります。多岐にわたればわたるほど、抽象的になりがちです。つまり「何となく管理している」ということでは、管理の焦点がぼけてしまいます。「私が主に意識しているのは『数字』です。その数字は稼働率と職員の定着率です」などと具体的に言えることが重要なのです。

例えば、デイサービスの稼働率に注目していれば、毎日のお出迎え時は気になります。「みなさん予定通りお越しいただいているかな」と。キャンセルが多くなれば、その原因が気になるはずです。一つの数字に意識がいくだけでも、いろいろな面が気になってきます。この「気になる」というのが、「管理している」につながります。

もう一つは、自分の仕事の管理というより、他人の仕事の管理をすることが大きな仕事になってきます。

自分の仕事そのものが管理できていないのは論外です。自分の仕事をしっかりと管理できないのに、他人の仕事を管理することはできません。部下の中には、「他人のことを言う前に、自分のことをしっかりやったらいかがですか！」と思っている人がいるかもしれません。自分の仕事の管理だけではなく、他人の仕事の管理をするということが、管理職や施設長の役割になるわけです。

福祉・介護施設では、小規模な場合も多いため、一人で何役もこなさなくてはならず、役割が不明確な場合が少なくありません。

「この仕事は私の担当ではない」

「これはあなたの専門だからお願いね」など。

こんな風に仕事の範囲を限定してしまうと業務に溝ができてしまいます。誰も携わらない、やらないという無業務状態が発生します。最悪の場合、介護を受けているご利用者へのサービスを何もしないということも起こりかねません。

業務分担においては、誰がどの仕事を行うのか、そしてその仕事の責任は誰にあるのか、などは必ず決めておかなければなりません。実際のところ、介護現場は専門性が必要な場合もあります。

例えばみなさんもよくご存知の通り、看護師の仕事は「業務独占」です。「注射」「点滴」など、介護現場においては、看護師の資格がない場合はやってはいけない業務があります。また、介護福祉士は名称独占であって業務独占ではありません。つまり介護福祉士の資格がない人が介護福祉士の名を語ることは禁止されていますが、資格がなくても介護業務はできます。業務独占のような専門性が必要な業務とそうではない業務の区分けが重要になります。

そしてもう一つ、その役割を明確にする場合に重要なことがあります。それは業務には必ず「重なり」の部分を設けることです。誰もが行う仕事、みんなが協力して担当するという部分です。例えば、「朝の掃除」はまさにこの「重なり」の部分です。掃除は誰かの担当に決めてしまうと「どうして私ばかりが掃除をしなくてはならないの?」などと不平不満が出やすい部分です。

そのほかにも、会議や朝礼などの進行役なども「重なり」の部分の業務になるかと思います。いつも同じ人が司会や進行をしているようでは、その人ばかりに負担が掛かってしまいます。司会などは誰もができるようにすることは人材育成の視点からも大切になります。

業務の溝を感じる現場やコミュニケーションがギスギスしているような職場では、この「重なり」の部分を見つけ、共同して行うという行動が、働きやすい職場づくりの第一歩になっている事例もあります。

キャリアパス制度の策定で目標設定が変わる

このキャリアパス制度の導入検討の中でよく言われる勘違いは、「キャリアパス制度＝評価制度」だと思っていること。評価することが目的になってしまっているところです。

この勘違いが組織の根底に流れている職場にキャリアパス制度を馴染ませ、活用することは容易ではありません。

キャリアパスの目的を達成するための手段の一つとして「評価」があるのです。あくまでも評価は目的ではなく手段（ツール）なのです。

ではキャリアパス制度の目的は何か？

それは、「人を成長させるものさし」だと私はお伝えしています。

先ほども紹介したように、キャリアパス制度はいくつかの階層を策定しています。そしてその階層ごとに「求める能力」が示されています。新人スタッフとリーダー、施設長では、求められる能力が異なります。その能力がどのレベルにあるのか、またできているのかいないのかを確認することが「評価」というわけです。

人を成長させる過程で、定期的に成長の具合をチェックすることは必要です。定期的に、という点も重要な要素になります。6カ月もしくは1年で評価をすることが多いと思いますが、6カ月、1年でどのくらい成長したのか、できなかった業務ができるようになっていることが確認できれば、それを「成長」したと評価できます。その結果、まだ何が足りないのかを確認することもできます。

不足分、未達の部分については、その不足、未達分を補うためには次の6カ月、1年で何をすればよいのか、期限を決めて次の目標を設定することができます。またクリアしている部分、達成した分については、次のさらに高い目標を設定する際に、キャリアパス表で次のランクの姿を確認することができます。これが「目標設定」になります。

よく「目標設定」が難しいと言いますが、キャリアパス制度を活用している組織は、仕事における目標設定で悩むことは少ないのです。なぜならば、求める能力がきちんと示されているからです。

目標設定で重要なのは、次の三つです。

①期限を決めること
②なるべく数字などを具体的にすること
③紙に書くなど、見えるようにしておくこと

①の期限の設定については、評価の際も重要な要件ですが、「いつまでにやる」という自分へプレッシャーを与えるという側面があります。「いつかやる」では自分への甘えが出てしまいます。
例えば「介護福祉士の資格を２０１８年に取得する」などの表現をすることです。
②の「数字」に関しても、①の例にもあるように非常に具体的になりますので、常に数字を意識するようになります。目標達成には「意識する」ということが大切です。
そして③の紙に書くというのも、意識づけにつながります。毎日見ることができるようになるための重要な仕掛けになります。年始になると書道で各自が目標を書いて事務所内に貼っている施設もあります。常に見て意識をするということが、目標を達成する上では重要なポイントになります。

また目標設定で欠かすことができないのが、「面談」です。評価をすると面談を行っている施設も多いと思いますが、せっかく時間を取って行うのですから内容が重要です。

評価においては「自己評価」と「上司評価」がありますが、評価の基本は両方実施することです。この両方があることで面談の内容が濃くなります。自己評価と上司評価で完全に評価が一致することなどまずありません。どこかにズレ、ギャップがあるものです。

面談の主な内容は、そのギャップについて話し合うということです。例えば「自己評価が高く、上司の評価が低い場合」、上司からどの点について評価を落としたのかを確認します。また部下からは、どのように頑張っているから評価を高くしたのかなど、評価に至った過程を確認することが重要になります。

評価者も完全に被評価者を見ることは不可能ですから、見えない部分は面談などで確認することも必要です。その結果、場合によっては評価結果が変更することもあるかもしれません。しっかりと面談を行うことで、部下の評価に対する納得感も増します。この繰り返しがいずれ信頼につながるのです。

そして次の目標設定も、上司と相談のうえ納得している状態で、かつ自分で設定しますので、自分への納得感もますます得られ、責任感も醸成されます。結果的に達成する確率が高い目標設定になるというのが特徴です。

「キャリアパス」は人材の成長を目的として、成長の管理や目標設定としても活用できるのです。「キャリアパス＝評価」という勘違いのまま、キャリアパス制度を導入しようとするとスタッフから強い反発・抵抗が発生してしまいます。

この抵抗感をなくしていくためには、まずは制度導入を進める側、経営者側がその目的をしっかりと理解し、じっくりと説明するという姿勢が重要です。無理に急いで制度だけを当てはめるというやり方では、社員の反発だけではなく、実際の運用も不可能ということになり、「絵に描いた餅」になってしまいます。

まずは経営・管理者層がキャリアパスの目的と効果についての答えを出し、自分たちの力で検討・策定し、運用することが、制度導入のポイントになります。

「ビジネス」「売上」「マネジメント」という言葉を嫌う介護現場

事業者に必要なビジネスの思考

福祉・介護現場での「ビジネス用語」に対するアレルギーは依然として強い気がします。

例えば介護保険以前から福祉・介護に従事している方や障がい者福祉に従事している方は、ビジネスという言葉に強い抵抗があるでしょう。一方で介護保険以降に介護に従事した方や高齢者介護に従事した方などは、最近になって比較的、介護ビジネスという言葉に対して理解を示す方も増えているのではないかと感じています。

つまり、介護保険制度の中で働く方の間には、少なからず「競争」が発生しています。

例えば、デイサービスは今や全国で4万カ所を超えています。コンビニエンスストアよりも多いといいます。少し注意して街を歩けば、デイサービスの乱立状態がわかります。

ご利用者の獲得競争も熾烈になり、「差別化」や「営業」というキーワードも当たり前になってきています。営業専門部隊を設けるデイサービスが登場したり、差別化の内容をホームページで紹介するなど、措置時代の介護業界とは大きく変わりました。

また最近は「ソーシャルビジネス」という言葉も登場しています。

ソーシャルビジネスとは、例えば、少子高齢化、障がい者支援、保育・育児・教育問題、引きこもり・ニート支援、貧困問題、地域コミュニティ再開発など、解決しなければならない社会的課題をビジネスの手法で解決していく活動のことを言います。

日本の高齢化は世界に類を見ないスピードで進んでいます。「介護」はまさに解決しなければならない社会的問題です。この社会問題を、ビジネスの手法を活用することで解決しようというわけです。

しかし、この「ソーシャルビジネス」という言葉に対しては、「介護ビジネス」という言葉よりは抵抗が少ないような気がします。いずれのビジネスの目的も社会問題を解決するためであり、社会問題、介護問題については、より一層ビジネス手法を活用することが必要であり、また期待されなくてはならないのではないかと感じています。


では介護問題を解決するための「ビジネス手法」とは何でしょうか?

まず一番重要なことは「目的を決める」ということです。

「何のために事業をするのか」です。

基本的にはビジネスの目的は、「事業を通じて収益を上げること」です。なぜ収益を上げる必要があるのか?

収益は次の投資の原資になります。その原資を元手にさらに大きな、また新しい事業活動が可能になります。

これを介護事業について考えてみると、

「何のために介護事業を行うのか?」

「介護事業での収益をどのように次の展開に生かしていくのか?」

このようなことが、介護事業者の出発点には必要なのです。

そして事業活動には、マネジメントが必要とも言われています。このマネジメントを機能させるために必要な要素が「戦略、戦術、計画、目標、ターゲット」などを明確にすることです。「誰に対して、どのような方法で、誰が、何を提供するのか」など、ターゲット、手法を決めることは、ビジネスの基本です。

介護サービスを例にすると、

「ご利用者に対して、ご家族に対して、地域の方に対して」

「デイサービス、ショートステイ、訪問介護という方法で」

「経営者、管理者、介護スタッフが」

「自社の強みを生かした介護サービスを提供する」

など。


これらのことは、まだまだ細かくしていく必要があります。その際に考えなければならないマネジメント要素としては「ひと、もの、かね、時間、情報」などもあります。これらの要素を前述の例の中で細かく検討して具体的な計画に落としていく必要があるのです。この考え方が、「ＰＤＣＡサイクル」です。

介護現場はＰＤＣＡが当たり前

私は介護現場ほど「ＰＤＣＡ」サイクルが確実に機能している業界はないと思っています。

これをケアプランに当てはめると、次のようになります。

①ご利用者の介護計画を立てます。……………………計画（ＰＬＡＮ）
②サービスを提供・実施します。……………………………実践（ＤＯ）
③サービスの実施内容をモニタリングします。………確認・モニタリング（ＣＨＥＣＫ）
④モニタリング内容から次の計画の改善を行います。………改善（ＡＣＴＩＯＮ）

この流れはまさにＰＤＣＡです。

しっかりとマネジメント機能を活用し、現場で実践している業界だということがわかります。だからＰＤＣＡマネジメントには親しみやすいはずです。

ただ、このＰＤＣＡサイクルが「ケアプラン」に限って機能しているのが介護業界の現状ではないかと感じます。

このＰＤＣＡサイクルが業務において機能することで、業務に大きな変化が起きます。例えば、仕事の効率化、標準化、クレームやミスの減少、サービスの質の向上にも変化が生じてくるのです。

つまり計画的に仕事を行うことができるようになってきます。

「今日の利用者は20人、そのうち12人が入浴予定、12時までに入浴を終わらせよう」という大まかな計画を立てることをします。

さらに時間の計画を詳しく見ます。

12時までの2時間半で12人だとすると、一人当たり13分弱という目標ができます。もちろん介護度やご利用者のご希望などもありますし、スピードを重視しすぎることによってサービスの質を落としてはなりませんが、スタッフとしては目標があるのとないのとでは、意識に違いが出てきます。時間を意識すること、仕事の中で数字を意識するという今まではなかった感覚が介護現場にも出てきます。

実際、あるデイサービスでは、入浴介助でこの時間を意識するようになってから、1時間当たりに介助する人数が増えたにもかかわらず、ご利用者、そしてスタッフからもクレームなどはありません。

特にスタッフからは、「自分の仕事のスピードが速くなり、昔より仕事の成長を感じています」という感想もありました。

これはPDCAのP（計画）の徹底を行った効果なのです。計画をしっかりと意識すること、目標時間を意識することで仕事のスピードアップが実現しました。そしてその計画を実行、入浴介助の実践を行った結果、目標の時間までにできたのかできなかったのかを確認するようになるのです。この確認作業は入浴介助の途中でも随時行います。

そして最後に、今日の入浴介助の反省点などを振り返ります。その振り返りの結果、もっと改善すべき点があれば、翌日の仕事に活かせるように計画、目標を作成します。この作業、意識を繰り返し行うことで、間違いなく仕事の精度や効率化につながります。

クレームの多い施設が「クレーム撲滅ＰＤＣＡ作戦」を実践した例がありました。この施設では「計画段階」を入念に検討・分析しました。

「なぜクレームが発生するのか」

「そもそもクレームとは何か」

「どの部署、誰に対して多いのか」

「何件発生しているのか」

などを分析した結果、「クレーム撲滅」の計画書を策定し、職員に周知し、全法人的な課題として取り組みました。

特に「いつまでに何件まで減らす」という目標が設定されて以降、職員の気持ちにある変化が生じたといいます。「クレームを発生させない」という意識です。その意識は当然ですが、丁寧な仕事へと変化していきます。お客様、ご利用者に対するサービスの徹底という意識は仕事に大きな変化をもたらしました。

その結果、1年後には「クレームが半減」しました。さらにもう一つ変化がありました。「職員満足度の向上」です。仕事のやりがいを感じる職員が増えていました。

現場には多くの課題や問題が山積しています。人が足りない、休憩がとれない、書類が多すぎる、体力的にきつい、教育する時間がない、などなど課題を挙げればきりがありません。

一つの課題に絞ったＰＤＣＡサイクルの徹底が、法人全体に大きな変化を与えます。

シナジー効果が大きいＰＤＣＡサイクルを徹底的に実践することに越したことはないと私は実感しています。

介護現場は当たり前にＰＤＣＡサイクルを回している業界なのですから、それを業務のＰＤＣＡサイクルに展開してみるだけです。

「売上」は「満足度」と同じ

「ご利用者の満足度を高めましょう！」

この言葉はどの福祉・介護施設でも合言葉になっています。

そこに最近は「働いているスタッフの満足度も高めましょう！」ということも言われるようにな

ってきました。

ご利用者の満足度を「ＣＳ」カスタマーサティスファクションと言い、スタッフの満足度を「ＥＳ」エンプロイーサティスファクションと言います。この二つの満足度を高めることは、施設経営では今後、ますます重要視されることは間違いないでしょう。

また、「満足度を高める」とは「何をもって満足といい、高めるとはどこまで高める必要があるのか」をしっかりと考えておくことが重要になってきます。

私はご利用者等の満足度を図る方法はいくつかあると思っています。まず、よくあるのが「ご利用者向けのアンケート」の実施です。ご利用者やご家族に対して、「当施設のご利用に関するアンケート調査」を実施している施設が結構あります。特にデイサービスなど居宅系の事業者は、最近増えているように思います。

自分の施設がご利用者やご家族のニーズにあったサービスを提供しているかどうかを確認することはとても大切です。自分たちは良かれと思っていても、ご利用者やご家族が「違う」といえば、それは変えなければなりません。製造業などのメーカーでは、自社の一方的な発信や商品の供給を「プロダクトアウト」といい、「良いものが売れる」ということではないというのが一般的になっています。

ではどのような発信・供給が必要なのかですが、「マーケットイン」という発想です。「お客様がほしいものが売れる」、つまりマーケットをしっかりと調べて、お客様がほしいものを商品化する、ということが重要なのです。

介護施設では「ご利用者が何を求めているのか」をしっかりと把握することが重要になります。そのためにアンケートを実施している施設も多いと思いますが、「なかなか本音が見えない」「特に希望を書いてもらえない」ということを聞きます。ご利用者、ご家族は基本的には「受け身」の姿勢ですし、サービスをしてくれる方に面と向かって意見などはしにくいという現実があります。

そこで、実際に意見を言ってくれるのは誰かということになりますが、第三者のケアマネジャーに聞くのも一つです。在宅系の施設では併設型の居宅介護支援事業所もありますので、身内の批判などはあまり期待できません。お付き合いのある第三者的なケアマネジャーから意見をいただけるようにするといいでしょう。ケアマネさんは、基本的にはご利用者やご家族のことを一番理解している存在です。コミュニケーションも多くとっていますので、そのニーズをきちんと把握しているはずです。

どの施設を利用するのかの選択もご利用者、ご家族のニーズを踏まえ選ばれます。しかし施設側が提供しているサービス内容や質も変化しますし、ご利用者やご家族のニーズや要望が変わってくることもありますので、施設側から「現在の満足度や今後のご希望」などについて定期的に確認することは、実は非常に重要な情報収集なのです。気軽に聞くことができる第三者のケアマネジャーという存在を1人でも多く増やす取り組みが必要になってきます。

そしてもう一つ、満足度を図るものさしがあります。それはズバリ「売上（報酬額）」です。

売上が上がるということは、利用者数が増えているということになります。多くのご利用者に支持されている証拠です。利用者数が減少していく施設は、明らかに施設内に問題があります。ニーズに合っていないサービスを提供していることで利用者離れが進んだ結果、売上が減っているのです。

売上が極端に減少すると、経営者は「何が起きているんだ？」とすぐに原因を調査し、改善策を講じるでしょう。しかし徐々に減少することに対してはなかなか気付きにくいものです。

よくテレビ番組で脳科学者の茂木健一郎先生が、映像が徐々に変化していく「アハ体験」というものを紹介しています。どこに変化が起きるのかとしっかり映像を見ていても、徐々にゆっくりと変化していると人間はなかなか気付きにくい、という体験です。

売上にも同じことがいえます。徐々にゆっくりと売上が減少していくとその変化に気付きにくくなり、その慣れが大きな問題として捉えられなくなります。しかし実際は数年前と比較すると明らかに売上が減少しているのです。数字だけで見るのではなく、グラフで表現することでその変化はわかりやすくなったりしますので、活用してみてください。

この「売上」という言葉は現場ではあまりウケがよくありません。

「介護はビジネスではない」という方が少なからずいらっしゃいますので、その方にとって「売上を上げよう」という言葉は、モチベーションを下げる原因にもなります。先ほど、「満足度の上昇」＝「売上のアップ」であると申し上げました。現場のスタッフには「ご利用者の満足度を高めよう」ということに集中していただくように、経営者・管理者は言葉を工夫してもらうことも必要です。

満足度が上がれば、比例して売上も上がるはずです。ファンが増えるのですから。

「申し送り」を見れば組織のレベルがわかる

「申し送り」の目的は何？

多くの介護現場を見てきましたが、申し送りの不備によるトラブルは結構頻繁に目にしてきました。

皆さんの施設でも「伝えた」「伝えてもらっていない」という押し問答が発生していませんでしょうか？

私のコンサルでは、現場の朝礼や申し送りの場に立ちあわせていただくことがあります。「何を伝えているのか」「誰に伝えているのか」を重点的に、私もメモを取って聞くようにしています。

私は常にその現場にいるわけではありませんので、ご利用者の個人名などをお聞きしても当然わからないのですが、どのようなことが起きているのか、そしてどのように対処したのか、今後はどのようなことをしたらよいのかを中心に確認しています。その際に重要なことがあります。メモを必ず取るということです。

申し送りには、非常に重要なメッセージが詰まっています。

その重要な情報を、すべて頭にインプットすることはできないと思います。人間は忘れる生き物ですから、メモを取ること、そしてそのメモを確認することを、施設の当たり前の習慣にしておくことも教育で十分にできます。

福祉・介護施設は特に「命に関わることもある現場」ですから、伝えられた内容を記憶し、確実に実践されるということを意識して仕事をしなければなりません。

多くの申し送りを聞いてきた経験から感じることがあります。

申し送りが非常に上手い、スムーズな施設は「トラブルが少ない」のです。上手いとは、伝えるべき要点が決められ、次の担当者にとって仕事がスムーズに進むことを目的にされた申し送りのことだと私は定義しています。

一方、やらされ感があったり、単なる習慣として形骸化していたり、伝えようという意識が弱い申し送り現場では、トラブルが多く発生しています。

要するに「伝える」ことが目的になっており、自分の思ったことや感想を伝えるだけの申し送りです。

申し送りのポイントは、一つはご利用者の普段と違う様子や状態を伝えることです。いつもの正常な様子ではない異常な様子があれば、他の人がご利用者の援助を行う上で知っておいていた方が良いことを次の担当者に伝えるということが目的です。

職員全員が知っているようなことばかりではなく「異常なこと」に意識して申し送りをします。そして伝えられた側は、ご利用者の状態変化をいつもより注意深く観察しなければなりません。

特に施設の夜勤帯はスタッフも少なく一人当たりの負担も増えます。日勤者から申し送られた注意点をしっかり観察しますから、一晩でさまざまな状況変化などにも気付きがあります。その状況を次の日勤者に引き継ぐ申し送りでは、多くの情報をわかりやすく要点をしっかりと伝えるスキルが必要です。

しかしスタッフの中には、申し送りが苦手な方もいます。

まずは、「誰に、何を伝えるのか」を上司や先輩職員がしっかりと教えていくことが重要です。ある社会福祉法人では、伝えることが苦手な職員を集めて「プレゼンテーション」の研修を取り入れています。話す技術、伝える技術は教育で十分成長が可能です。特に伝える技術は、小中高教育でもしっかり教えてもらったことはない方が多い分野です。

教育訓練体系に加える意味は大きいと考えています。

また申し送りは口頭ばかりではなく、文書にすることも重要な仕事です。せっかく、伝えたいことがしっかりわかっていても、文書にした時に文字が雑だったり、主語・述語が対応していなかったりして読みにくいようなことがあれば、伝わらないこともあります。

多くの申し送りの連絡帳などを見てきて、文字のきれいな方は内容もしっかりしているように思います。私の知っている介護スタッフは、自分で文字が下手なことを自覚していました。その彼は職場の先輩の「美文字」に憧れて、美文字の漢字ドリルを購入し、一生懸命文字の練習に励んでいます。

その意識は、もちろん結果・効果としてしっかり表れています。

彼自身の仕事全体に対する評価も上がっています。

「伝える申し送り」と「伝わる申し送り」の違い

介護施設にとっては、申し送りもコミュニケーション手段のひとつとして活用できます。実際に上手な申し送りをしている施設があります。そうした施設には、次のような特徴があります。

・業務のミスが少ない

・コミュニケーション能力が高い
・人間関係も良好である
・ご利用者の満足度が高い

「申し送り」の良し悪しで組織力が決まってくるといっても過言ではありません。施設ではごく当たり前に、習慣化した「申し送り」が行われていると思います。この当たり前が意識され、しっかり相手に伝わるような申し送りができることによって組織力が高まるキッカケになるのであれば、ぜひ実践していただきたいと思います。

「たかが申し送り、されど申し送り」です。

例えば朝礼時に申し送りを行うケースが多いと思いますが、前述したように目的を持った、目的を理解した申し送りがどれくらい行われているでしょうか。申し送り内容次第で、その日の仕事の段取りや成果、そして自分の気分にも影響があるでしょう。

せっかくのコミュニケーションの機会ですから、やらされ感や何となく習慣だからといって行う申し送りに参加するのではなく、今日の仕事の目的を確認することで、お互いが仕事に対してモチベーションが上がるような時間にすることもできるのです。

では、やらされ感や習慣的に行う申し送りと、やる気につながる申し送りにはどのような違いがあるのでしょうか？

その答えは、「伝える申し送り」と「伝わる申し送り」の差です。

簡単に言いますと「伝える」は一方的、「伝わる」は双方向というイメージを持ってください。

「伝える」は自分の言いたいことを一方的に伝えます。「伝わる」は自分の言いたいことを伝えますが、そのあとに相手が理解したかを確認することまで行い、相手が満足することをいいます。

つまり、

「伝える」＋「確認」＝「伝わる」

ということです。

このことを意識した申し送りは、参加したみんなが満足しています。満足した中で行う仕事は先のような効果が組織に表れます。

この「伝える」と「伝わる」の差を意識できるようになると、申し送りの場面だけではなく、仕事の段取りなどにおいてもお互いに確認をするようになります。

製造業や建設業など危険な業務が伴う業界では「指差呼称」といって、例えば工場内での移動においても「右よし、左よし、前方よし」などと自分自身で確認して、業務に取り掛かります。お互いで確認したり、自分自身で確認したりすることは、仕事に対する意識を高めることにつながります。

職員の役割を明確にすること

力量、範囲を知らないことによる不都合

深刻な人材不足に悩む福祉・介護業界では、少なく限られた人員で日々業務に勤しんでいるかと思います。少ない人員ではありますが、見方によってはメリットもあるのではないでしょうか。つまり少ない人員だからこそ、総合的にさまざまな業務を経験し学ぶこともできるのです。多くのことを覚えたいとかやる気のある職員にとっては、非常に魅力的な職場です。そして未経験者でも半年もすると、ひと通りの仕事の流れを覚えることもできますし、その結果、介護という仕事に対して少しずつですが、自信を持つスタッフも現れてきます。実際には半年くらいの経験でリーダー的な業務を行っている人もいます。他の業界に比べて、短期間で多くの業務を経験できるチャンスは多いと思います。ただ、いい事ばかりではなく、仕事が確実に身についていないこともあり、ポカミスがあったり、仕事そのものが雑であったりすることもあります。これは良くも悪くも介護施設の特徴でもあります。

このように人員が少なく慌しい中で、日々の業務を繰り返していると自分の仕事を振り返る機会や余裕もありません。現時点で自分の力量がどれくらいあるのかを知ることができないのです。確

実にどのような仕事が身についているのかを確認する時間もないように思います。

仕事の力量とは、自分の仕事はどこからどこまでやるべきなのか、どのような仕事ができるようになっているのかです。この力量を客観的に知る機会は、自分の成長度を知るためにも必要なのです。自分の成長を知っていることと知らないことの差は、今後の自己成長の伸びにも影響が出てくるのではないかと私は考えています。

しかし忙しい現場では、このような現状を客観視する時間もなく、ほったらかしにしていることも多く、次第に組織としてもさまざまな不都合が出始めます。

例えば、仕事のスタイルが我流になっていきがちです。決して我流が悪いというのではないのですが、我流が進み過ぎると、そのスタイルが良いのか悪いのかを判断する第三者によるチェックも難しくなります。ただでさえ福祉・介護職は属人的な仕事だといわれます。その人の介護のスキル、スタイルがサービスの質に直結しやすい職業です。属人的な仕事になればなるほど、仕事の良し悪しのチェックもしにくくなります。さらにもうひとつは教育もしにくくなるということもあります。

チェックができない、教育ができないとなると組織的には何が起きるでしょうか?

まずサービスの均質化ができないということになります。ここでいう均質化は、もちろんサービスの質が高いレベルの話です。

スタッフのAさんはやってくれるけれどBさんはやってくれないという、同じ施設内にもかかわらず、サービスの質にブレ、差がでてきます。つまり人によって、同じ仕事をしていても仕事の範囲が違うのです。これはご利用者から見ると不公平にも感じられやすく、不満やクレームに発展しますので、日々しっかりとチェックすることが必要なのです。

スタッフの仕事の範囲や力量を管理するのは、現場の管理者です。組織が大きくなるにつれて、現場のサービスの質には差が生じやすくなります。

「誰がどの仕事を行うのか」

「この仕事をできるのは、この人である」

など、力量と仕事の役割をしっかりと把握していくことが重要です。

これからの介護事業に必須なのは「業務の効率化」

カイゼンの宝庫

他の業界に比べて介護現場が苦手としていることは、「既存の業務を変えること」だと私は思っています。今までやってきた方法、段取りに対して、変化をもたらすことへの抵抗感が強い業界です。

特に異業種から介護業界へ参入してきた経営者と話していると、次のようなことをよく耳にします。

「もっとこのようにしたら仕事が楽なのに」

「ここを変えるともっと喜ばれるはずなのに」

など、改善した方がよいと思っていることは非常に多くあるといいます。

しかし現場はなかなか変われない、変わろうとしない。現場のスタッフからは、「新しい取り組みをしている時間がない」「人がいないのに、新しいことなどできない」などの声が決まって聞こえます。

「変化」＝「新しいこと」＝「追加の仕事」というイメージが現場には強いのです。抵抗は「追加の仕事」に対するものだと思います。

実はこれは現場を改善する際に、よく勘違いされることの一つです。確かに現状に変化を与える、つまり改善するということは、何か追加のことをしなければならないとか、今までとは違う取り組みをしなければならない、などのイメージが先行するかもしれません。しかし本当の改善は「仕事が楽になること」を求めていきます。今の業務が「どうしたら楽になるのか」ということをまずは管理者が感じなければなりません。仕事を楽にすることが目標ですから、追加した仕事で忙しくなるということとは全く逆なのです。

ここで重要なのは、管理者が現場に入ってしまうことがないようにしなければならないことです。現場の戦力として管理者が機能してしまっている現場がありますが、そのような体制では改善活動は成功しません。まずは、管理者は現場を客観的に見ることができる位置に着くようにして下さい。

現場目線は重要なのですが、改善活動をする際には、管理者の立ち位置が重要になります。

実際に改善活動をしていく中で、よく現場で見る光景があります。それはまず現場のスタッフに「改善点を挙げてください」と質問している管理者の存在です。現場スタッフは、日々の業務で忙しいと思っていますので、「ここを直してほしい」とか「もっと人がほしい」などという要求が出てきます。何かを直してくれるという捉え方をされるのはよくありません。改善点ではなく要求ばかりがでてきます。改善の参考意見として聞くことは意味があるかもしれませんが、その方法は順番が間違っています。重要なのは、まずは管理者自身が現場に行き、管理者の目でその現場を客観的に見て、「どこに負担があるのか、負担がかかっているのか」「どこで業務が滞る傾向があるのか」などを感じて知ることが第一です。介護現場のスタッフの仕事は大変です。その大変な仕事をどのようにしたら少しでも楽にできるのだろうか、という親心で現場を見るかどうかです。

これをカイゼンで有名なトヨタ自動車では「現地現物」といいます。トヨタ自動車では「現場にすべての答えがある」といいます。だから現場に行くのです。管理者自身の目で確かめる、そしてどうしたらいいのかを考える。この業務の繰り返しが、管理者の仕事なのです。

改善活動を行う上では「管理者」の役割が非常に重要になってくるのです。

最近は介護現場でも「改善活動」をしようとする動きが広がっています。ひとつ言えることは、ゼロから考えるより、トヨタ自動車など製造業をはじめとした他の業界で行われている改善活動をまずはしっかりと勉強することをお勧めしています。場合によっては、実際に自動車製造の現場を工場見学することも有効です。実際に介護施設の経営者や管理者を製造現場にお連れして、改善活動に関する考え方を勉強していただくこともあります。

私もコンサルティングの現場で多くの製造業やサービス業の改善活動を見て勉強してきましたが、介護現場は、まだまだ改善の宝庫であることは間違いないです。他の業界ではやり尽くされていることでも、介護現場では「介護業界初」というキャッチフレーズが付く改善活動は山のようにあります。

いま介護施設における効率化・標準化が必要な理由

◯福祉・介護業界は本当に3K職場なのか

「介護現場は忙しい」「介護現場は大変だ」。

今や介護は3Kを代表する仕事であるという人もいます。

ではこの3Kである「きつい、汚い、給与が低い」について、他の業界と介護業界の違いを整理していきます。

例えば「きつい」業務というと皆さんはどのような仕事を思い浮かべるでしょうか？

重いものを持ちあげたり、休みがなかったり、または精神的にきつい、しんどいという仕事が思いつくでしょうか。世の中にはまだまだ労働環境の整備が必要な職場は多くあります。介護も同じように「きつい」仕事であり、入浴介助や排泄介助などでは力仕事があり、少ない人員の中で休憩が取りにくく肉体的にしんどい、また感情労働とも言われる介護業務においては、ご利用者の看取りや「死」に直面するなど自分の感情をコントロールする必要があり、精神的にきついという側面もあろうかと思います。感情労働という点を除いては、それほど差はないように思います。

次に「汚い」という点ではどうでしょう？

泥まみれ、油まみれなど労働環境的に整備されていない「きれい」とは言い難い職場もあります。特に建設、土木、工場勤務などは「泥まみれ」「油まみれ」「ほこりまみれ」などのイメージが依然強いと思います。一方、介護ではトイレ介助、排泄物の処理などが「汚い」というイメージが強くあるかと思います。これらについては働く環境の整備が課題と言えます。

この二つのＫ（きつい、汚い）については、自分たちで変えられる部分も多くあります。近年、介護業界でも介護ロボットとかＩＴ化など、機械でも代用できる業務も開発されつつあります。重いモノを持ちあげる際には、リフトやロボットスーツなどが肉体的な負担を軽減してくれます。また排泄支援においても、排泄支援ロボットやトイレユニットなども開発されています。まだまだ金額的に高価なものもありますが、職員の負担軽減に大きなメリットもありますので、助成金などを活用しながら導入の検討も必要になってくるでしょう。

○本当に給与水準は低いのか？

「給与が低い」についてですが、これはマスコミ報道でも伝えられるように、福祉・介護業界職員の平均賃金については全産業の平均と比較して月額で10万円くらい少ないといいます。ここで私が注目しているのは、このデータは「平均値」であるということです。最近の調査では福祉・介護職員の平均給与額は月額21万円強です。簡単にいえば、10万円の人と30万円の人がいると、その平均は20万円となります。福祉・介護の職場では10万円弱のパート職員が多く働いています。一方で40万円を超える賃金をもらっている職員もいます。このバランスは重要で、パート職員が多い業界はどうしても賃金水準が低くなります。

賃金制度の構築をする際に、福祉・介護現場で多くの賃金制度などを見てきましたが、実際は10万円も少ないという印象はさほど感じません。このデータの本質を少し見ておく必要があります。つまり介護業界独特の特徴、例えば勤務体系、男女差、年齢構成などを考慮してこのデータを見ることが重要だと私は思っています。

勤務体系においては、「正規職員」よりも「非正規職員（パート職員）」が多いため、パート的な勤務が増えます。パート職員が多いということは、基本的には時間給制度である、賞与がないなど相対的に賃金が低い理由になります。

また男女差においても、福祉・介護の職場は女性が多く活躍しています。家計の補助的な目的で勤務していること、また「１０３万円の壁」問題などがありやはり賃金総額は少ない傾向になります。また年齢構成においても、若い職員と年配の職員が多く、40〜50代の年齢層が極端に少ないという現状もあります。他の業界と比べると働き盛りで高い賃金をもらう層が、福祉・介護業界に少ないというのも、全産業の平均賃金と比較して10万円くらい少ないというデータが出てしまっている理由なのです。

しかし一方で社会福祉法人の職員の賃金規程などを見ると、報道にあるような賃金水準ではなく、世間で言う平均給与に引けを取らないくらいの賃金表、俸給表を目にすることが結構あります。実際に、30年の歴史のある社会福祉法人の賃金規程は、規程の策定時に公務員の賃金規程を参考にしたことから、現在もほぼ公務員と同額の基本給や手当が支給され、55歳を過ぎると800〜1000万円近い給与を支給されている職員もいました。すべての社会福祉法人がこのようなことではありませんが、一概に福祉・介護職員は賃金水準が低いとは言い切れないのです。

現在の福祉・介護業界は株式会社やNPO法人、社会福祉法人など多様な設立主体が事業を行っています。小規模な事業所などで賃金規程を見る限り、依然として低い賃金水準にある場合もあります。ただ福祉・介護業界の給与については一概に賃金水準が低いとはいえません。すべての福祉介護事業所が3Kの「給与が低い」とは限らないのです。

○介護業界が変化を拒む理由

3K職場は介護業界だけではありません。私も介護業界出身者ではなく、他の業界を経験してきた人間です。その立場から言いますと、「忙しい」とか「大変」だということは介護業界だけに限りません。

製造業でも商社でもサービス業でも、どの業界も仕事は「忙しく」「大変」なものです。そして忙しければ忙しいほど、また大変であれば大変なほど、仕事においてさまざまな工夫をしています。「忙しい」や「大変だ」という言葉が飛び交う介護業界こそ、工夫や変化が必要な時期にきているのです。「業務の改善」や「効率化」を進める施設が、時代の流れに対応でき生き残る施設といえるでしょう。ダーウィンの有名な言葉に「強者が生き残るのではなく、変化に対応できる者が生き残るのである」があります。この言葉を実践できるか否かです。

しかし実際の介護現場などでは、この変化に対する抵抗感が非常に高いのです。

「なぜ変化する必要があるのですか」

「今までの仕事のやり方を否定するのですか」

そして最後には「私たちは頑張っています」という言葉が聞かれます。

このような質問に対して、経営者や管理者が適切に回答できるかが重要です。回答があやふやであったり、信念がない回答は現場の声をさらに強くしてしまいます。介護現場でよく見られる「現場が強すぎてしまう」という現象が、どんどん加速してしまい、改革や変化など全く受け入れる環境ではない職場ができてしまいます。

経営者、管理者は変化を求める際には、まず自分自身が「なぜ変える必要があるのか」を答えられなければならないのです。

例えば、トヨタでは「部下との力比べ」という慣習が存在しています。「部下に命令なり指示を出す際には、同時に自分自身もその命令、指示を受けたと思って考えなさい」と言うのです。

介護現場には多くの改善点があると私は思っています。人員配置、人材育成、介護技術、コミュニケーション、労務管理、管理者教育、現場把握力など課題を挙げればキリがありません。ということは、変化するためのキッカケがたくさんあるということです。いきなりすべての改善や変化はもちろんできません。できることから実践すればいいのです。

そして実践する前に変化する理由をしっかりと経営者・管理者自身が理解して、進めることが現場を変える際に必要なことなのです。

◯介護現場における効率化とは

突然ですが、介護現場における「ムダ」はありますか？　と質問されると、現場スタッフはどのような反応をするでしょうか？

多くの現場スタッフは、「ムダな仕事などありません」と言うでしょう。「私たちのすべての業務はご利用者支援のために必要です」と。

この答えに対して、経営者・管理者が「そうですね」とすんなり受け入れてしまう施設は、少し危険な組織と言えます。

社会で働いている人に「仕事、頑張っていますか？」と聞けば、1人くらいは逆の答えがあるかもしれませんが、おそらく100人中99人は「頑張っていますよ」と答えるでしょう。頑張っている人に「ムダ」という言葉は禁句かもしれません。しかしこの禁句を業務の中で頻繁に使い、実際に「ムダ」を少なくしている企業が増えています。いまや製造業では「ムダ」を排除することは当たり前になっています。

「ムダ」はさまざまな悪さを現場に与えます。例えば「ムダ」は二度手間を招きます。同じことを繰り返すことが、もし一回だけで済むとしたら、もう一回は結果的にムダな作業だったと言えます。

先日あるデイサービスで現場を見ていたとき、ある職員が事務室とリハビリルームを何往復も行ったり来たりしていました。傍目には汗を流し、一生懸命頑張っている姿が美しく見えます。管理者に「あのスタッフは忙しいですね」と聞くと「彼女はとても頑張ってくれています。だらだらすることなくきびきびとした動きをしてくれて他のスタッフの手本です」と自慢げにおっしゃいました。

実は、私が聞きたかったのは「なぜ、あんなに行ったり来たりしているのか」ということでした。その理由、真意は事務室にあるパソコンに「リハビリ記録」を入力する作業があるために、何回も行き来しているといいます。この行き来は「ムダ」です。彼女のこの何往復を改善するためには何か方法があるはずです。管理者には「どうしたら彼女が、この行き来の回数を減らすことができるか」を考えてもらうようにしました。そうすることで彼女は仕事が楽になるはずです。

さらに、先ほど管理者が口にした「きびきびとした行動をしてくれるので手本である」ということにも違和感がありました。きびきびとした行動は悪いことではありません。だらだらしている行動よりはましです。しかし彼女は「仕方なくきびきびしていた」のかもしれません。つまり多くのご利用者に対してリハビリという業務をこなすためには、速く行動する必要があっただけかもしれません。この時、管理者としては、それを少しでも楽にしてあげられないかという発想が必要なのです。管理者には働きやすい職場環境を整備する義務があります。そのことを意識していれば、彼女の業務負担ももっと早く軽減されたはずです。

部下から見れば、忙しそうに動き回り業務負担が大きいように見える仕事に対して憧れや希望はありません。介護現場でよく耳にすることがあります。「介護主任にだけはなりたくない」。多くの施設で介護主任は、現場では何でもこなせる人材として多くの業務を担う立場にあります。介護主任というポジションがない組織では、初任者とリーダーの中間にあたる職員が該当します。とにかく忙しいイメージが介護主任なのです。

介護主任の業務の見直し、効率化を進めることは施設の業務改善、効率化のキーポイントになると私は強く思います。

営業の三つの役割

いま介護施設の営業が改めて注目されています。

皆さんの施設の営業について、振り返ってみましょう。

人気のある介護施設があります。そのような施設は、何もしないで人気がでてきたのでは決してありません。何らかの仕掛けをしています。

その仕掛けにはいろいろな入口があります。

「人材づくり」

「組織づくり」

「制度づくり」

「楽しみづくり」

「やりがいづくり」

など、さまざまなことを自分たちでつくることは間違いなくやっています。

そして、その生み出したものを、外部や世間に知らせていく活動が営業活動というわけです。

しかし、自分たちで生み出したものがすべて世間に受け入れられるわけではありません。自分たちが素晴らしいと思っていても、世間に受け入れられなければ、それは自画自賛で終わってしまうだけです。

そのような場合には、世間が受け入れてくれるまで何回も改善し、何回も営業に行けばいいだけです。

この当たり前のことを実践している施設が、結果的に世間から支持を得て人気のある施設になっているのです。

ただ、この営業活動を苦手としている施設が多いのも事実です。だとするとチャンスということです。

そのような意味で、ここ数年で自分の施設を利用していただくための「本当の営業活動」が始動しています。介護保険がスタートした当初よりも介護施設が「営業」という言葉を使うことへの抵抗が少なくなってきています。今一度、自分の施設の営業とは何かを検討してみることをお勧めします。

では「本当の営業」とは何かです。

私の営業経験上、営業には次の三つの役割があると考えています。

1. 情報提供
2. 情報収集
3. 情報共有

一つずつその役割を説明します。

まずは「情報提供」です。これは営業マンが真っ先に考える役割です。多くの営業マンは自社商品の情報を相手に提供することだと考えています。しかしここに落とし穴があります。結果を出す営業マンと結果が出ない営業マンの差はここです。結果を出す営業マンの情報提供は「相手のほしいものに対して情報提供する」ということが基本です。つまり相手の望むニーズをあらかじめ調べ、そのニーズ情報を入手して情報提供の準備がひとつ前の段階で行われています。これを市場調査、ニーズ調査、マーケティングと言います。

介護事業者の営業もこの方法と同じです。

「自社のパンフレットだけをケアマネジャーに持っていっていませんか？」

この活動は、結果の出ない営業マンと同じ手法です。自分が知らせたい情報だけを提供しようとしています。人は自分に興味関心のないものは見ようともしません。

デイサービスの開業支援をさせていただく場合でも、自社のパンフレットづくりも重要ですが、まずは地域の福祉ニーズや同業他社のサービス提供内容の情報を徹底的に入手します。半径10キロ圏内のデイサービスの数、特徴、評判などをケアマネジャーなどからヒアリングします。するとその地域でニーズの高いサービスが見えてきます。要するに相手が欲しい商品は必ず売れるという法則を活用するのです。

そしてそのニーズに応じた商品になるよう、人材を募集したり、教育したりします。またそれに応じた設備を整備する必要もあります。そして今後の地域の高齢者数や要介護者数の推移を見て継続的なサービスが可能かどうかを判断していきます。

その内容をＰＲ材料として情報提供していくことが、売れる商品を営業する鉄則なのです。

次の役割は「情報収集」です。これは先の開業支援の方法にもありますように「いかに情報を収集するかどうか」という役割が営業にはあります。営業は「伝える」より「聴く」方が重要と言われます。できる営業マンは話の7割は聴くことに徹していて、自分が話すのは3割程度なのです。営業と聞くと、「どうやって話そう」「何を伝えよう」「どうしたら上手く伝わるか」など、伝えることに主眼を置く方が多いのですが、むしろ逆の「聴く」ことを重視することです。そういう意味では介護職員は「傾聴のプロ」ですから、相手の話を聴くことで、多くの情報収集をすることはできるのではないかと思います。

それから、情報収集において重要なことが「情報の取捨選択」です。できる営業マンは、相手が必要な情報を提供することが重要ですから、どの情報が必要なのか、膨大な情報の中から必要不要の判断をする能力も身につけておかなければなりません。その能力を磨くために大切なのは、当たり前ですが、多くの情報を得ることと信頼できる情報源を持つことの二つだと思います。

そして三つ目の役割が「情報共有」です。これからの福祉介護施設をPRする営業マンには、この役割がさらに求められると私は予想しています。介護施設の周りには多くのステークホルダー（関係者）がいます。ケアマネジャー、相談員、行政などこれらの方々との情報共有はこれからの地域連携という視点からも重要になります。お互いが同じ情報を共有していることは、お互いの信頼関係を築きます。

私が思うに、これからの福祉介護業界で重要なことは「競争から協創へ」の流れです。そして

「共存」していくこと、このためにも「情報共有」という視点の強化は大切です。

効率化で劇的な改善効果も

介護業務の効率化については、近年の厚労省の社会保障審議会に関する資料においても、「生産性向上」「業務効率化」「文書ＩＣＴ化の推進」などの言葉が登場しています。

数年前までは、介護業界で効率化、生産性向上などのキーワードが登場することは考えられないことでした。

岐阜県関市にあるラクアデイサービスでは、「介護業務の効率化」についてとても積極的です。

◯「ラクア管理システム」の開発

ラクアデイサービスの三鴨正貴社長は、もともとアパレル業界のご出身で、介護業界には異業種からの参入になります。三鴨社長とは２０１５年からのお付き合いですが、「とにかく現場を楽にしたい」「楽しんで仕事をしてもらいたい」という熱い想いを持った方です。

しかし介護現場に足を運ぶたびに、「なんでこんなに忙しいのか」「現場がバタバタしている」ことに悩んでいました。

例えばバイタルチェックについては、以下のような課題を認識していました。

ある日、三鴨社長が14時ごろ施設に行くと、看護師が一生懸命記録用紙を書いていました。そこで看護師に聞くと、「ご利用者が帰られるまでにバイタルチェックの結果や今日のご様子を記録手帳にノリで貼らなければいけない」とのこと。看護師2人が2時間かけて35人分の記録を「手書き」で書いています。ある看護師は書き過ぎが原因で腱鞘炎になったとまで言っていました。

ラクアデイサービスでは「おもてなし」を大切にしているのですが、現状で延べ4時間は記録を書くことが仕事になっていて、その時間分は「おもてなし」ができず、ご利用者と接する時間さえありません。このような現状に危機感を持ち、三鴨社長は動きました。

パソコンを記録用紙として活用することで、効率化を図り、書類作成にかけていた時間をご利用者様と接する時間に変えようとシステム開発に取り組みました。

三鴨社長は理系出身でしたので、パソコンについてのシステムを自分で開発するなどの優位性はあったのかもしれませんが、とにかく現場に行っては、看護師などに「どうしたら業務がスムーズになるのか」をヒアリングして試行錯誤の連続だったと言います。

そして開発に際して注意したことが、以下の視点です。

1. 看護師や介護士はパソコンを得意とする人があまりいないので、なるべく簡単に直感的に操作ができるようにした。
2. 朝のバイタルチェックは戦争のような忙しさなので、タッチパネル方式にし、テンキーのみで入力できるようにした。

3．いちばん時間がかかるのが、ご利用者の様子を書くところだったため、レクリエーションや機能回復訓練など毎日のルーティン的な業務についてはあらかじめパソコンにその内容を選択肢として入力しておき、スタッフが選択肢から選んでいくという方式にした。

すると、びっくりするような改善効果が出たのです。

三鴨社長は言います。

「最初はスタッフも戸惑っていましたが、実は2～3日で慣れてしまい、今まで看護師2人で延べ4時間かかっていた記録業務が、看護師1人で30分で終わるようになり、実に3時間30分の効率化を達成できました。この新しく創出できた時間で、より多くのご利用者と接する時間を取ることができるようになりました。また、腱鞘炎で困っていた看護師も書く作業がなくなったことで、症状も改善しています」と。

この他にも「送迎表」のシステム化によって、従来1時間かかっていた送迎表の作成が、なんと10分でできるようにもなっています。

「記憶（記録）力と計算力はいくら人間が頑張ってもコンピューターに勝てません。ですから、そこはコンピューターに任せて人間は創造力と問題解決力に注力するべきだと思っています。今回のシステム化は、コンピューターの得意とするところを活かして業務の効率化を図りました。その分、職員には創造力や問題解決力といったコンピューターが不得意とする部分で活躍してもらいたいと思っています」と三鴨社長はおっしゃっていました。

東京都江東区にあるデイサービス「五幸トータルサービス」の松長根幸治社長も介護事業の効率化を積極的に進めています。

この事業所の効率化は「記録作成の効率化」です。介護事業における記録書類の多さは大きな課題でもあります。PC入力でも異なる帳票のたびに同じ名前を何回も入力しているという方も多いはずです。そこで行政が求める帳票を徹底的に分析し、必要な事項を必要な時に、必要な帳票に出力できる仕組みを職員視点から開発しました。PCが苦手な職員も、少しの慣れで使いこなすことができ、仕事の効率化が進むことで仕事が楽になってきています。

これからの介護施設は、「常に現場を重視して、どうしたらスタッフが楽に仕事ができるのか」という視点で経営者、管理者が常に考えなければなりません。これはトヨタなど超一流企業が常に考えていることと全く同じです。

その結果、介護現場を働きやすい職場にすることができます。他の業界から「介護業界で働きたい」と思われるような現場づくりをしていくことがとても大切なのです。

第4章

職員のモチベーションと現場リーダーの育成

「リーダーシップ」の育て方

リーダー力を高めるトレーニング方法

いまの時代、リーダーの質によって、組織運営が成功するか否かがはっきりしてきています。リーダーがリーダーの仕事をしっかりしている組織では、「人材」が「人財」に成長しますし、逆にリーダーがリーダーとしての仕事を把握せず、何となくリーダーもどきのリーダーがいる組織では、「人材」が「人在」、または「人罪」になってしまいます。

人材を成長させるのはリーダーの一番の役割です。特に福祉・介護事業は、人が人にサービスを提供する仕事です。つまり介護事業にとっては「ひとが商品」になりますから、商品（ひと）の質をレベルアップさせるのは、福祉・介護サービスを提供する事業者にとっては当たり前のことになっています。その人材育成の中心的な役割を果たすのがリーダー層なのです。

そのようなことから、福祉・介護現場で最も必要なのが「リーダー育成」ではないかと私は考えています。この育成力の差は、経営資源の「ひと・もの・かね」の「ひと」に関連しますから、介護経営にはさまざまな影響を与えることになります。

では、リーダー力はどのようにして身につけていくのでしょうか?

私も初めてリーダーに任命されたのは入社3年目で、正直今までの仕事内容と何が違うのか、よくわかりませんでした。肩書きは主任となりましたが、当初は今までの仕事の延長線上で、新入社員に仕事を教えたり、会議に出席する回数が少し増えたりというくらいの変化だったように思います。当たり前のことですが、初めてのリーダーは誰もが初めて経験するものですから、リーダーの役割を知らなくて当然です。知らないことをやれるはずもありません。だから教育が必要になってくるのです。何を学んだらいいのかをまずは知ることです。

現場のスタッフとリーダーでは役割が違います。仕事の大枠に変化はありませんが、重要なのは「仕事に対する見方や考え方」を変えていくことです。スタッフ目線からリーダー目線になることです。リーダー目線になるために必要なことを次に五つ挙げます。この五つの視点を中心に、日ごろの業務の中でトレーニングしていくという意識が必要です。

○「リーダー力」を高める五つのマインドセット

①自分を知る
②組織を知る
③視野を広げる
④人を知る

⑤変革を進める

①の「自分を知る」とは、まさに「あなたは誰ですか」「どのような人ですか」「得意なもの、強みは何ですか」「苦手なもの、弱みは何ですか」という質問に対する答えを考えることです。リーダーは部下を育成する立場にあります。部下を知るという能力がリーダーには必要です。そのためのトレーニングとして「まずは自分を知る」ということが基本トレーニングとなります。自分を理解・分析することができずに、相手を理解・分析することはできないのです。

②の「組織を知る」とは、①の「自分を知る」ことの範囲を少し広げることになります。自分が所属する組織がどのような組織なのかを知ることです。自分分析と同じように、自分の管理する資料となります。

③の「視野を広げる」とは、ものの見方や考え方を変える際にとても重要なトレーニングになります。一つの現場をいつも同じ視点から観察するのではなく、反対の視点から観察したり、上から観察してみたり、場合によっては現場スタッフと同じ視点から観察してみると、同じ現場でもいろいろな考え方や発想がでやすくなります。

④の「人を知る」とは、相手に関心を持つということです。施設を利用しているご利用者、ご家族、行政、ケアマネジャー、関連施設など自分に関係するステークホルダーに関心を持つことです。相手に興味関心を持つことで、相手も自分に関心を持ってもらいやすくなります。介護では今後、

地域連携などはキーワードになります。地域連携に対応するためには、相手を知ることが必須になってきます。

⑤の「変革を進める」とは、リーダーは現状満足をしないということです。介護業界は変化が目まぐるしい世界です。常にその変化に対応していかなければ、ご利用者の満足を満たすことはできません。また変革を積極的に進める他の事業所にどんどん差をつけられてしまいます。新しいことを積極的に取り入れ、できることからまずはやってみるという姿勢がリーダーには求められます。

このように、リーダーにはスタッフとは異なるトレーニングが必要なのです。このトレーニングは、OFF－JTのような研修ではなく、毎日の業務の中で考えるOJTが向いています。

自分より優秀な人材を育てるのがリーダー

優秀なリーダー・管理者とは何が評価されているのでしょうか？

評価制度については第5章で詳しく述べますが、ここでは、優秀なリーダーとはどのようなことを評価されているのか、またどのようなリーダーを優秀というのかを考えていきます。

リーダーの役割は多岐にわたりますが、福祉・介護施設における重要な役割は何と言っても「人材の育成」になるでしょう。リーダーは、部下の育成を自分の最大の仕事だと意識しなければなりません。人材が少ないから現場に入り込んでいるリーダーを見かけますが、それは本来のリーダーの仕事ではありません。リーダーが完全に現場の戦力になってしまうことが平常化してしまうと、もうそのポジションから抜け出すことは容易ではなくなってしまいます。どこかでこの流れを切らなければなりません。

現場の戦力化が日常的になると、部下スタッフの成長の機会を奪うということも考えられます。リーダーは基本的に仕事ができる人材です。仕事ができるということは、スピード、質も高く何でもできます。そのような人材が現場の中心になっていては、次第に知らず知らずのうちにリーダーに頼るようになります。気付くと現場で一番忙しいのがリーダーということになっていないでしょうか？　部下が育つというより、リーダー自身がどんどん成長していくだけです。

組織は複数の人材で成立しています。複数の人材がそれぞれ成長することで、戦力の総和が増していきます。ご利用者に対するサービスの質や量が増えることになり、満足度の向上にもつながるのです。そういう意味でも、リーダーが現場で中心となって仕事にあたることは避けるべきなのです。

では、リーダーのポジションはどこにあるのかです。簡単にいうと現場を俯瞰できるポジションにいることが理想です。

人材が足りないと常に人員の増強をリクエストしてきても、すぐにリーダー自身が現場の補助に入るのではなく、スタッフの仕事を客観的に観察し、何を変えるともっと仕事が楽になるのか、なぜあのような動きをしているのか、などを考えることと、スタッフ個人の力量をどうしたら伸ばせるのか、どこを伸ばすのがいいのかを考えることをすべきなのです。

実際には、補助に入らないと現場が回らないという場面もあろうかと思います。スタッフからは「この忙しいのにリーダーは手伝ってくれないのか」などと不平不満がでることもあるでしょう。ここで再度思い出していただきたいのが、リーダーとスタッフでは目線が異なるということです。リーダーの本来の仕事をしっかりとリーダー目線で実行することができるかできないかは、以後の人材成長の重要な分かれ道となります。どうしても補助が必要な時もあるかもしれませんが、その場合でもあくまでも補助は特例であり、基本的にはリーダー本来の仕事、人材を育てるという仕事をしていかなければ、いつまでたっても常に人材が成長しないまま、人材不足感が漂う職場が当たり前の姿になってしまいます。リーダーの信念を貫くという強い意志が求められます。

その結果、人材は成長します。

トヨタ自動車には、「少人化」という言葉があります。これは人材不足に悩む介護業界ではぜひとも参考にしていただきたい考え方です。少ない人材で仕事をするからこそ、人は成長し、成長するためにはいろいろな知恵がでると言います。「十分」なほどの人がいると、中には何もしない人がでてきたり、「誰かがやってくれるだろう」という無責任体質な組織になってしまうことにもなりかねません。

実際に愛知県のあるデイサービスでは、この少人化という考えを入浴介助において実践していま す。従来は入浴介助については、浴室の入浴支援を2人、脱衣場に1人、整容に1人、居室に1人という5人体制でしたが、ここに少人化を実践しました。入浴支援は2人ですが、脱衣場と整容と居室に2人という区分けの4人体制にしました。少人化後は入浴後の介助は従来のスピードのままでは追いつきません。スタッフは一人ひとりのスピードを上げる努力が必要になりました。よくスピードを上げるとご利用者の安全が損なわれるなどと反対意見を言う方もいますが、「実際には従来よりも安全面により注意を払いながら介助をするようになり、てきぱきとしたプロの入浴支援になってきました」と、デイサービスの社長もスタッフの成長を感じています。

その少人化の管理をしているのが、管理者です。少人化によって今まで以上にスタッフの成長を感じると言います。管理者の視点は、どうしたら4人体制で入浴支援ができ、さらにはサービスの質を上げられるだろうか、という思いだけです。

そのリーダーは言います。「自分の時は、入浴支援は5人でやるものだと決めつけていたが、実際に4人体制でもできるようになり、自分のときよりも優秀なスタッフが育っていることを実感します」と。

このように、人材を成長させることができるリーダーの評価を施設がしっかりと明確にすることが、リーダー自身の成長にもつながるのです。

組織の活性化はリーダー次第

私はこれまでに300カ所を超える介護現場を第三者的な立場から見てきました。福祉・介護現場に行くたびに、まずはスタッフの表情を真っ先にチェックします。笑顔でご利用者と会話を交わしている人、真剣な表情でもくもくと介護をしている人、疲れが表情に出ている人、口角が下がりなんとなく怒っているような表情の人、などさまざまな表情のスタッフがいます。

この表情の差は何だろう？　と、その原因をいつも探します。同じ施設でも各スタッフの表情は違います。大きく見ると施設ごとにスタッフの表情は違います。笑顔で楽しそうに仕事をしている施設もあれば、会話も少なくギスギスした雰囲気を感じる施設もあります。

その原因をよくよく探求していくと、一つの共通点がありました。それは「管理者の差」です。管理者の笑顔が多い施設はスタッフが笑顔です。そしてご利用者も笑顔で過ごされています。逆に、管理者が「ムスッ」としている施設は、暗い雰囲気、笑顔がない、緊張感とは違うピリピリ感があります。

私も管理者経験がありますが、自分の表情や言動が部下に与える影響は非常に大きいのです。

例えば、朝一番の「おはよう」という声に元気がなく小さかったら、部下は「何かあったのだろうか？」と心配し、機嫌をうかがいます。そのような雰囲気では職場は暗くなります。逆に「おはよう」の声に元気があり、大きな声で笑顔で挨拶すると、部下も同じように元気な笑顔で「おはようございます」と言ってくれます。どちらの雰囲気の方が仕事が楽しくなるかはおわかりかと思います。管理者の表情や言動は意外に多くの人に見られているので、管理者は意識して表情をつくるなどしなければ職場の雰囲気に影響を与えてしまいます。

ある特別養護老人ホームでは、管理者の交代で施設の雰囲気が大きく変わり、組織が活性化したという事例がありました。

Aさんという管理者は、理学療法士兼管理者をしていました。非常に真面目で、きちんと仕事をしていくタイプの方です。時間管理にも長けていて、時間通りに仕事を進めていたので、すばらしいと感じていました。ただ新しいことへの挑戦など、改善や積極性には欠ける面がありました。そのような管理者が施設内のトップでいると、次第に同じような考えのスタッフが増えていきました。今までの仕事は絶対に間違っていないという信念もある方でしたので、仕事の方法は変えません。ご利用者から新しいリクエストがあっても、なかなか応えようとはしません。さらには新しいスタッフが入職しても、新しいことへの挑戦なども否定してしまう傾向があり、職員の定着率も低いままなのです。それでも仕事のやり方を変えることはありませんでした。

そこで施設長は、その管理者の交代を決め同法人で活性化していたデイサービスの管理者を特養の管理者に抜擢しました。その抜擢された管理者はまだ31歳と若く、管理者経験も浅かったのですが、積極性と実行力があるのが強みでした。そして異動した当初は、前管理者の残した負の遺産（消極的、活気がない、事なかれ主義）が払拭できず、また前管理者の考え方に慣れ切っていた職員との衝突も多く、思い通りに事が進まないことに結構悩んでいました。そのような中で、周りの理解も次第に進みはじめました。すると新しい管理者の積極性やチャレンジ精神に共感するスタッフが増えていきます。施設長もしっかりと彼を補佐し、仲間で組織を動かすという今までにはなかった喜びや達成感なども味わうことで、組織の雰囲気が変わり始めていきます。

組織に変化を与えたいと考えている経営者等もいるかと思います。スタッフの行動や気持ちを動かすのは、管理者次第なのです。

心理学には同調行動とかミラーリング効果というものがあります。相手に合わせることや同調することによって、相手との距離感を縮めることができるといいます。人間は孤立を嫌いますから、孤立しないためには仲間になろうという意識が働きます。仲間になるためには、相手との距離を縮めることが重要です。そのために相手の行動に合わせるようになります。

知らず知らずのうちに、この同調行動が管理者と現場スタッフの間で行われています。管理者が笑顔であれば、笑顔の同調行動が職場で広がります。管理者がチャレンジ精神に旺盛で、積極的な行動をとれば、次第にスタッフも積極的に行動するように変化します。

また、管理者一人で組織全体の雰囲気を変えることにはムリがあります。同調行動によって、自分と同じ思いの人間や気の合う仲間は増えていきます。この変化に管理者は留意することを忘れないで下さい。すると次第に職場の雰囲気を変えることができるようになります。

先の特別養護老人ホームの管理者も、管理者としてはまだまだ勉強することもたくさんあると自覚しています。管理者の言動次第で、組織の雰囲気を変えることができると体感したことは、今後の組織改革の大きな原動力になるでしょう。

リーダーを助ける「メンバーシップ」とお互い様の「フォロワーシップ」

メンバーシップを意識しよう

「メンバーシップとは、職業人として働くすべての人が共有すべき基本概念のひとつである。その意味は、①組織メンバーの一人ひとりが、プロとして果たすべき役割と使命を正しく理解し、達成に向けて行動を起こすこと、②その結果、所属する事業所・部署・チームの発展に寄与していくことである」（福祉職員キャリアパス対応　生涯研修課程テキスト　全国社会福祉協議会）とあります。

このメンバーシップは二つの構成要素を持っています。それは「フォロワーシップ」と「リーダーシップ」です。

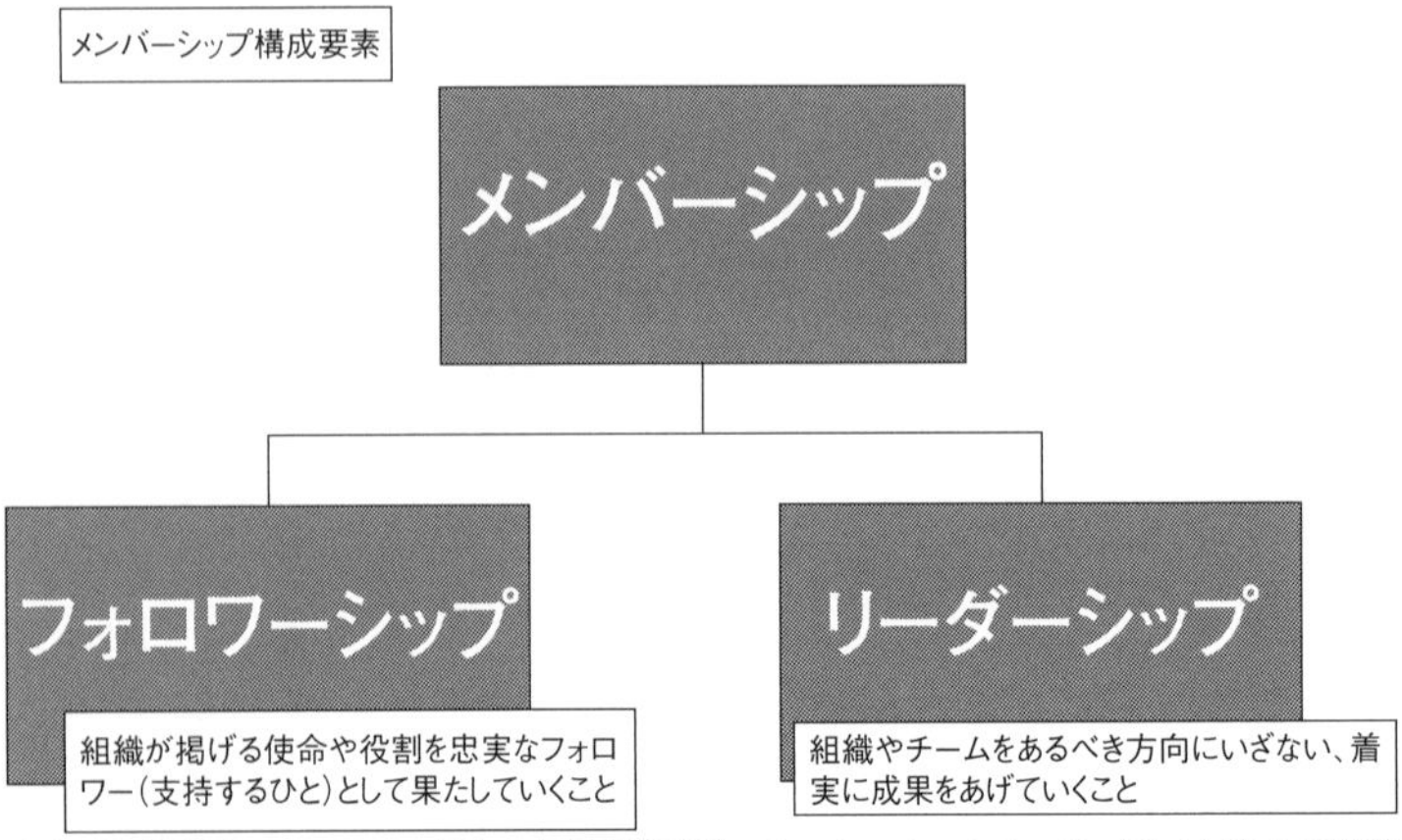

出典：福祉職員キャリアパス対応　生涯研修課程テキスト　チームリーダー編 全国社会福祉協議会

最近は経営理念を重視している施設が増えていることは第2章でも紹介しましたが、職員が好き勝手な方向を向いて仕事をしていては、組織の統一感、連帯感もなくなります。チームがどこに向かい、自分たちが何をすべきで、その結果どのような貢献ができるのか、その達成感ややりがいを感じられるためにも、経営理念の徹底と同じくこのメンバーシップという概念の徹底は重要なのです。

そしてメンバーシップの構成要素である「フォロワーシップ」と「リーダーシップ」のバランスにも、注目しておかなければなりません。

このバランスは、階層ごとに異なります。管理職やリーダーになればなるほど、「リーダーシップ」を強化していく必要があります。組織やチームを目標に向かって導くための強い原動力が必要ですし、その目標を達成するための徹底した「実現力」まで求められます。

また「フォロワーシップ」は、初任者や中堅職員に求められる要素となります。組織が決めた目標に向かって確実、忠実に実行する意識と行動力が求められます。ただフォロワーシップの意識を高める上で留意することがあります。それは、「忠実」「素直」という面を強調しすぎないことです。この面が強調されすぎると「ただ実行すればいい」「言われたとおりにやればいい」などの指示待ち的要素が身についてしまうことがありますので、「考える」「理解する」という側面を意識させることも忘れないで下さい。

そして、メンバーシップの定義にもある「プロ」という言葉にも、意識していただきたいと思います。福祉・介護施設で勤務しているスタッフは、全員が「介護のプロフェッショナル」であるという自覚を持つことです。

私は研修でもこの「プロ」という言葉を意識的に使います。プロとは「お金をもらって働く人」のことを言います。プロといえば、プロ野球選手やサッカー選手、プロゴルファーなどを思いつくかもしれません。介護のプロは、介護という仕事をすることでお金をもらっているのです。福祉施設にはボランティアの方も多くいますが、お金をもらっていない以上はプロではありません。

最近は施設内での虐待や最悪の殺人事件まで発生している世の中ですが、その張本人が施設職員であることにはとても憤りを感じます。そもそも人間的に失格ですが、まったく介護のプロとは言

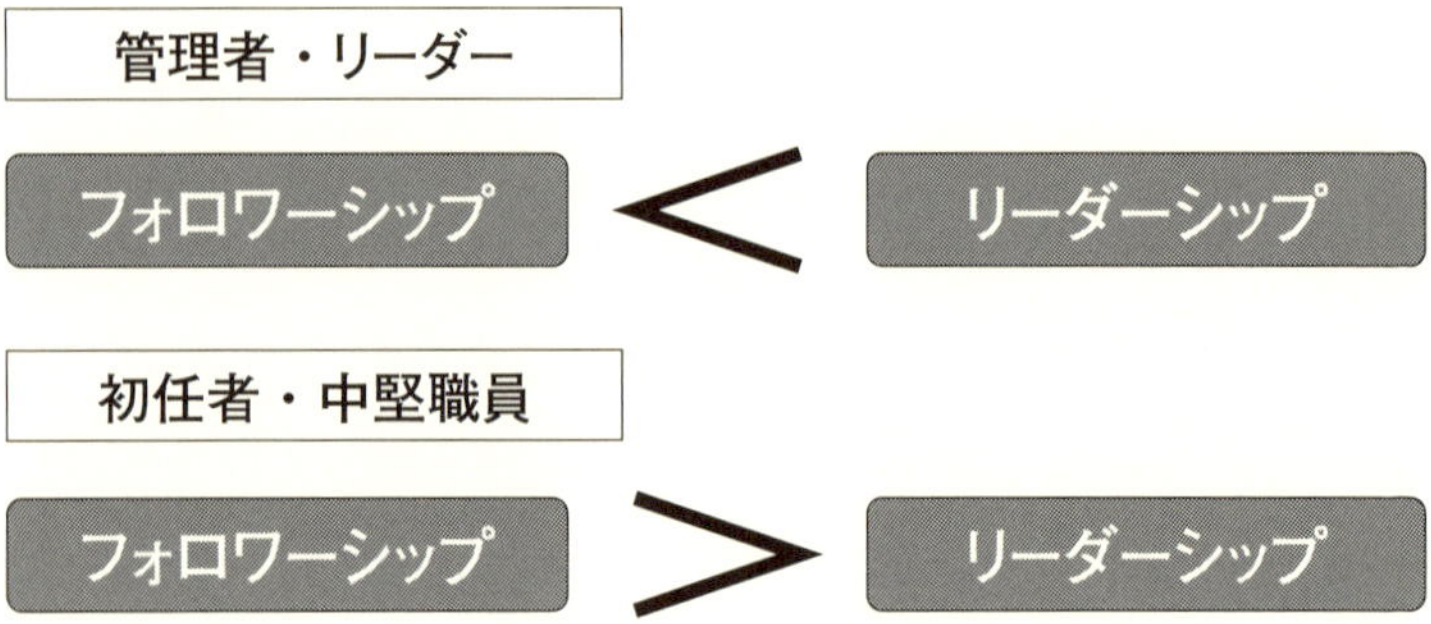

えません。あのような事件はもしかすると氷山の一角かもしれません。

私も施設現場で虐待ではないかと感じる対応や、どうみても暴言と思えるような言葉遣いをしている場面に遭遇したことがあります。もちろんすぐに管理者に報告しました。お金を払って不自由な生活のサポートをお願いしているご本人さんや、大切な家族の介護をお願いしているご家族の気持ちを考えた行動とは到底思えません。

「みなさんは介護のプロなんです」。私が常に申し上げているのが、プロ意識を持つことの大切さです。そして「皆さんの給料は誰からもらっているのでしょうか?」。この質問を常に繰り返し伝え、プロ意識を高めるようにしています。

答えは「ご利用者、そして税金、社会保険料を納めている社会の方から」です。

メンバーの役割を自ら考えさせる

あるデイサービスの職員の方に聞きました。

「あなたの仕事の役割を教えて下さい」と。

するとー番多い答えは、「今日1日の利用者さんへの支援」です。今日やるべき仕事、明日やるべき仕事など、近い日程の役割に関する回答が多いのです。

そこでもう少し詳しく聞きます。

「この1カ月、もしくは1年でのあなたの仕事の役割は何ですか」と。

ほとんどの方は途端に答えに詰まります。「この1カ月の役割」については、あまり考えていません。まして「1年、今年の役割」については回答に困ってしまう方が圧倒的に多いのです。

しかし考えてみると、仕事は1日、2日で行うアルバイトは別として、年単位で勤務するのが普通です。自分の役割について長期視点で考えていないということは、今後の自分が見えていないということにもなるのではないでしょうか？

これは仕事の定着率や人材成長にも大きな影響を与えるものです。

仕事は部分的な仕事と総合的な仕事に分けることができます。部分的な仕事しか見ていないと、仕事に単調さを感じ、マンネリ感なども生じやすくなります。なかなか長続きしない仕事になります。

一方で総合的な仕事は、自分の仕事が全体のどの部分を担っているのかを確認できますので、次の展開など先を見ることができるという点で、仕事のやりがいや責任感を持った仕事になります。

時間軸で見ると、部分的な仕事は短期的な視点が中心であり、総合的な仕事は長期的な視点が中心となります。先の質問の場合で考えると、今日明日の仕事の役割は短期的な視点であり、1カ月、1年単位での役割は長期的な視点で仕事を見ることになります。

介護スタッフに自分の仕事の役割を短期的な視点と長期的な視点で考えてもらうことは、仕事に対するやりがいや責任を持ってもらうためにも、重要な仕掛けだと言えます。

介護職の離職率の高さが問題にもなっていますが、自分の仕事の役割をしっかりと考えて答えを持っている人材が多い組織は、実は定着率が高い職場なのです。

組織・社会の一員であることを理解させる

福祉・介護サービスはチーム組織で行う仕事です。またその組織は医療や介護、栄養、リハビリ等の多様な専門職の混成チームが特徴です。他の業界にはなかなか見られない構図です。だからこそ、そのチームをまとめるリーダーの苦労は多いのだろうと思います。

その他にも、年配の女性が多く、数少ない男性の年齢層は20歳代と50歳、60歳代が多いという職場であることも特徴です。このような年齢構成、人員構成の中で発生する問題には、「女性の発言力が強い」「男性リーダーが職場でモノが言いにくい」という傾向が往々にしてあります。

現場コンサルや研修でも女性のパワーに圧倒されることもありますが、このパワーが組織運営において、チームワークを乱すなど悪さを働く場合も少なくありません。

私が現場で多く見てきたチームワークを乱す要因になることには、次のようなものがあります。

・リーダーに対する言葉遣いがタメ口
・研修時間などイベントの開始時間になっても集合していない
・やりたくない仕事はやらない
・人の好き嫌いで仕事をしている
・職場や管理者の陰口、悪口を言う
・えこひいきをする
・欠勤、遅刻の連絡がない、SNSで連絡して終わり
・突然来なくなる、退職する

この八つのチームワークを乱す要因を見ていただくとおわかりかと思います。ビジネスパーソンとして職場では決してやってはいけないことばかりです。介護現場を専門的に見るようになって8年ですが、このようなことが未だに行われている職場が多いのは大変残念なことだと思います。だれが見ても、このような職場で働きたいとは思わないのが普通だと思います。

異業種から参入したある住宅型有料老人ホームの社長が、次のようにおっしゃっていました。

「介護業界は摩訶不思議なことがとても多くてびっくりしています。常識では考えられないような仕事のスタイルがまかり通っています。介護の常識は世間の非常識だと言われても仕方ないですね。ただうちはそこをしっかりと教えていきますから、差別化につながりますね」

実際にこの会社は、地域では非常にマナーの良い施設として有名になっています。その効果もあってか、「うちは人材募集には苦労していません。マナーの良い人材が、またマナーの良い人材を紹介してくれるんです」と社長は話されていました。

このような組織、チームに早急に改善する必要があります。先の有料老人ホームの例にもあるように、当たり前のことをきちんと教えること、つまり社会人マナー、ビジネスマナー、ビジネスルールを徹底的に教えることが重要なのです。

福祉・介護業界も社会の一員です。コンプライアンスは当然ですが、社会の基本ルール、組織で働いているということを再度、伝えることも重要なことです。

福祉・介護業界のお客様、つまりご利用者、ご家族は社会のルールを守るのが当たり前なのです。介護だけが違うマナーやルールでまかり通ることはありません。

そしてスタッフのマナーが良くなることは、スタッフ同士も働きやすい環境になりますし、その効果は間違いなくサービスの質の向上につながります。

まずは当たり前のことを徹底していくことではないでしょうか。

フォロワーシップで職場を円滑に

「うちの施設は、人間関係が難しくて困っています」とか「よそよそしい雰囲気がまん延しているのですが、どうしたらよいでしょうか」という相談をよく受けます。

介護施設の退職理由の上位にいつも上がってくるのが「人間関係が悪い」というものです。福祉・介護サービスは、「ひと対ひと」を基本としています。人間関係の悪化は、退職に直結したり、ご利用者などとの人間関係悪化の場合では、利用中止という結果にもなりかねません。

他の業界でも「人間関係」については重要視するようになってきています。例えば、社内運動会の復活やＢＢＱ大会を開催したり、社員旅行を必ず年1回は行うなど、インフォーマルなコミュニケーションを大切にすることで、職場ではなかなか見えなかった人間性を発見できたりしています。その結果、職場においても良い人間関係が構築でき、業務がスムーズに流れるようになったというような効果もでています。

人間関係、コミュニケーションを良好にするためには、職場内のみならず、職場外でもさまざまな取り組みが必要ですが、その原点は、職場内で①相手を知ること、②信頼されること、③貢献すること、この3点が重要です。

①「相手を知ること」……組織のメンバーがそれぞれの立場を通して、どのような役割や目標を持っているかを知ること

②「信頼されること」……組織のメンバーがお互いの立場を理解して、積極的、協調的に対話をすること

③「貢献すること」……自分たちの仕事が目標に向かって、お互いどのように貢献できているのかを確認すること

この3点はフォロワーシップの基本視点です。ここの共通項は「お互い」です。「お互い様」ですという「助け合い」の精神が、良好な人間関係には必要なのです。

先のような相談がある施設では、現場に入って数時間いるだけで「セクショナリズム、縦割り意識が強い」「同一法人でありながら敵対心がある」などの傾向を感じます。介護と看護の溝、現場と経営者の溝、施設間の溝など、介護現場ではいくつもの溝があり、この溝を埋める積極的な行動が求められています。何かの溝によって重大な事故に至るケースもありえます。

ある施設では、このような溝を埋めるための方法として、人材育成の過程において違う部署の先輩から一定期間教育を受けるという仕組みを考え、実践しています。お互いの職場を知るという意味で、非常に効果を上げています。現段階では新人教育の一環だけで行っていますが、今後は各階

層でも展開していくことにしています。お互いの部署を代表しているという意識も働き、代表者としての自覚も目覚め、しっかり学ぶという雰囲気もでています。

組織全体にフォロワーシップを浸透させ、職場内のギスギス感を取り除くことは十分可能なのです。

福祉・介護現場の教育システム

研修カリキュラムは必ず自分たちで作成する

最近は人材育成系の助成金が充実してきたこともあり、スタッフ教育をしている福祉・介護施設がかなり増えているように感じます。繰り返しになりますが、福祉・介護施設のサービス商品は「人材」ですので、その教育は必須となります。しかし介護施設の教育に関する悩みは結構ありま す。次の五つは、弊社の支援先で人材育成に関するアンケートをとった結果のベスト5です。

①教育している時間がない
②お金がかかる
③何を教育していいのかわからない

④教育するが、なかなか育たない
⑤教える人材がいない

高齢者介護サービスを提供している事業所は、特に①の理由がボトルネックになっています。特にスタッフ層の研修に関しては、サービス提供時間に研修をすることもできませんので、どうしても夕方からの研修が主体になります。夕方からの研修になると、さまざまなことをクリアする必要が出てきます。主婦層が多い事業所では、夕食の支度がある時間帯であること、必須研修のような指示がでているような場合は時間外手当の支給が必要なこと、それから業務終了後ということもあり、疲れがあって研修に集中できないことなどの課題をクリアしていかなければなりません。私の支援先の例ですが、朝7時から90分研修をしているデイサービスもあります。朝型の研修は、大脳生理学的に見ても非常に効果が高いそうですので、研修時間がないとお悩みの施設がありましたら、検討する価値はあるかと思います。

②の「お金がかかる」は仕方ないことですが、介護事業所向けの助成金は結構充実してきていますので、社会保険労務士など助成金の専門家に相談してみてはいかがでしょうか。その他、なるべくお金をかけない方法として、内部の講師を選び研修をしてもらう方法や、他の事業所と合同で研修を行うなどして費用負担を軽減している工夫も見られます。

③については、悩みとしては実は深刻です。教育は必要だけど、何から教えていくのがいいのかわからないという悩みです。この場合に多い対応は、社会福祉協議会（以下、社協）や外部の研修会社などが介護事業所向けに開催している研修を受講してもらうことです。

社協なども介護施設との関わりが多いので、施設で多い課題や悩みを研修内容に組み立てているのが実態です。ですから課題の共有などはできますが、その課題を解決する方法などとなると、施設ごとに微妙に違いが存在しますので、研修後に実際にその効果が現場で発揮されるかどうかは難しいところです。

そこでやはりベストなのは、自社で研修カリキュラムを作成することです。
その作成の際に重要なことは次の3点です。

①サービス提供現場を見ること
②現場のスタッフの動きを観察すること
③現場の人材理想像を経営者自ら考えること

この3点を確認した後は次の計算です。

研修テーマ＝③－（①＋②）

要するに、理想と現実のギャップを埋めるための内容を研修カリキュラムに盛り込んでいきます。

経営者からは、この計算式に足りないものがあると指摘を受けることがあります。それは「スタッフの受けたい研修」も盛り込むべきではないか、というものです。

私の答えはＮＯです。研修は、経営理念を実現するための人材育成のための手段です。法人や企業が「こういう人材になってほしい」というメッセージが研修カリキュラムにはあります。ですからスタッフのリクエストを重視した研修カリキュラムを作成し実施すると、④の「時間とコストをかけた割には、自分が思ったように育ってくれない」という反省がでてしまうのです。ただし、スタッフが受けたい研修が、経営理念を実現するために必要な研修であると経営者が判断した場合は、そのやる気をカリキュラムに反映していただくことは大切です。

そして最後に⑤については、人材育成の講師は自社の人材で行いたいが、教えるレベルではないという悩みです。この悩みについての解答は簡単です。教える人材は外部にもいる、ということです。人材育成には「教える技術」「伝える技術」などのスキルが必要です。効率的に育成するためには、外部のプロ講師に一時的にでもお願いすることも必要です。

その受講時には、今後教育担当になる人材は必ず出席させ、プロ講師のスキル、ノウハウを勉強させておくようにします。実際に私が研修を行う際には、ビデオ撮影ＯＫとしていますので、復習や受講できなかったスタッフに教材として利用してもらっています。

効果的な研修に必要な四つの視点

多くの経営者は人材教育をしているが、費用対効果がわかりにくいといいます。私も研修の依頼やそういったご相談を受けますが、「研修の効果は、いつごろ、どのように出ますか?」と聞かれると一番困ります。

ご存知のとおり、人材育成は一朝一夕にはできません。3カ月研修するとこのような人材に仕上がります、というわけにはいきません。

私が研修の相談時に一番重要視していることは、主に次の4点です。

①経営者自身が、どのような人材を望んでいるのか
②現場スタッフの研修意欲はどうか
③現場スタッフの現状と課題は何か
④研修ターゲットは絞る

①ですが、これは先の人材育成カリキュラムを作成する際にも触れましたように、まずは自分の

法人・事業所の理想的な人材像を確立することです。

名古屋市内でグループホームを経営する企業では、「人事ポリシーの構築」ということで経営者、各施設の管理者、人事部長を中心にプロジェクトチームを発足させ、毎月2回会議を進めました。この人事ポリシー構築の狙いは、すべての人事に関する各施策の拠り所になるものとして策定に入りました。ポイントは一つ、「企業の社員に対する考え方、求めるものを明確化する」です。

・会社は社員に何を求めるのか
・社員のどのような貢献に対して給与を支払うのか

この2点を考えることで、「会社がほしい人材像」が次第に浮かび上がってきたのです。

この会議は3カ月13回をかけてじっくり検討がなされ、現在はこの人事ポリシーを基本に、研修計画、人材採用、人事考課、目標設定など人事に関するあらゆる施策に発展しています。
②については、施設長、管理者クラスの面談などから研修、要するに「学び」に対する個人の温度を観察してもらうことで、意欲を感じ取ることができます。学びたいと思っている人材は、何を学びたいかと質問した際に、答えが具体的です。例えば「コミュニケーションについて学びたい」という方がいたとします。あるスタッフは人間関係の基本だから「コミュニケーション」の研修を受けたいと答えました。受けたい理由が具体的です。また別のスタッフは、「介護コミュニケーシ

ョンの基礎である傾聴について学びたい」と答えました。傾聴という具体的スキルについて学びたいということは、コミュニケーションについてある程度学んでいる可能性が高い人材です。

一方で「介護技術全般について学びたい」「コミュニケーション全般について学びたい」という抽象的な言葉だけの回答の場合は、「学び」について深く考えている可能性は低いと判断できます。面談時の表情や日ごろの行動などをしっかりと観察することで、研修意欲については判断することが可能です。

次に③についてですが、これは現場の課題発見やその解決を日ごろから行っているかについて、例えば「ヒヤリハット報告書」や「事故報告書」、「業務日誌」「クレーム記録」などから集めることもできます。

しかし施設によっては、これらの記録類について適切に整備されていなかったり、記入していなかったりすることもあります。そのような場合に、岐阜県のあるデイサービスでは改善提案書を始めました。改善提案は、介護業界だけではなく製造業や流通業などでも頻繁に行われている制度です。「玄関の段差の解消」のようなハード面に関する改善提案や、ギスギスした職場でお互いに感謝する活動・サンクスカードの提案などの働き方に関する改善提案など、制度が浸透してくると毎月かなりの数の提案が出てきます。ちなみにカイゼン活動で有名なトヨタ自動車では、毎月60万枚のカイゼン提案が現在でもあがってくるそうです。

最後に④については、研修を受講するターゲットを限定します。よくある事例ですが、「施設長研修」を実施しますというと、全部署の施設長がすべて受講するということがあります。実は効果的な研修に一番重要なのは、受講する方の「学び度指数」が同じレベルにあることなのです。施設長の中にも、学びに対する温度差が必ずあります。積極的に研修を受けようという方と、上司からの命令だから仕方なく受けるという方とでは、研修後の効果は全く違います。「やる気」と「やらされ感」の差は一目瞭然です。研修時の座席では、やる気のある方は前のほうに座ります。やらされ感で受講する方は後方の端が多いです。基本的に真ん中付近には座りません。

実際、研修スタート後に受講姿勢や学び度指数を見てターゲットをさらに絞ったりすることも、効果的な研修にするためには必要なことなのです。

最初にお伝えしましたように、いまや福祉・介護施設では研修が当たり前になりつつあります。他の施設との人材育成に関する差別化を図る上で、この四つの視点を意識した研修をお勧めします。

有効なケア・コーチング＋メンタリング

人材育成といっても、実は対象者によってその教育スタイルは異なります。数年前までは、弊社への人材育成で多かったリクエストは「コーチング研修」でした。

私が行うコーチングは、コーチングでも「ケア・コーチング」といって介護スタッフの特徴を考慮し、検討した内容です。これに至ったのは普通のコーチングスキルを介護スタッフ向けに行うと、コーチングの目的である「自らの成長と自己実現を願う人に、その人の中にある『答え』をその人自身が見つけ、行動することを支援する」ということにはなかなかたどり着けない、ということが度々あったからです。

「ケア・コーチング」の特徴は、コーチングのように仕事上の目的達成に意識をおくというよりは、仕事の成果、貢献について意識をおきます。福祉・介護職員の中には、仕事というよりはボランティア的思考のある方も多く、自分の仕事が社会のどのようなことに役立っているのかという貢献・成果に焦点を当てた方が、目標を立てやすい傾向があることに気付き、「ケア・コーチング」と名付けました。

いま私はいくつかの介護現場でそのケア・コーチングを日々改良しながら、人材育成をしていますが、その改良の過程で取り入れているのが「メンタリング」です。

「メンタリング」の特徴は、

①個人の持つ個性を尊重する

②本人に才能がないと思えるような場合でも、他の才能はあると将来の可能性を追求し支援する

実はこの二つの優しい特徴が介護スタッフにはとても馴染むものだと私は考えています。

近年の介護施設での人材育成でも多く導入されている「チューター制」「プリセプター制」に非常に近いとお考え下さい。教育担当のメンター（チューター制ではチューター）は、比較的年齢がメンティー（教えられる側）と近いという特徴も同じです。また教育担当は原則個別対応になりますので、メンティーとメンターの人間関係も構築され、いい兄貴分という相談しやすい環境をつくります。

教え方については、メンター本人の過去の成功体験などを押し付けるようなこともしません。メンティーにどのようなことが期待されているのかを明確にして、未経験な部分には過去のお手本（ロールモデル）を示して、自分のできそうなことや、目標になりそうなイメージを徐々に膨らませてもらいます。

メンターには忍耐力と、「メンティーを育てるんだ」「可能性がある人材なんだ」という強い信念や情熱が必要になります。その繰り返しの中から、次第にお互いに信頼関係も生まれます。このようにコーチングに向かうためのきっかけづくりが「メンタリング」ということになります。

一般的にみると少し甘すぎるのではないかと思われる方もいらっしゃるかもしれません。私も当初は、「メンタリング」は甘やかせすぎではないかと思っていましたが、実際に若い介護スタッフにこのメンタリングを活用した人材育成は効果があります。

同時に、若いスタッフには「ティーチング」もしなければなりません。要するに、

「ティーチング」＋「メンタリング」＝若手介護スタッフの育成

これが介護スタッフ、特にゆとり世代の若い介護スタッフの育成には必要な図式になります。

そしてもうひとつ、介護施設は中途採用のスタッフが多いという点に配慮した教育スタイルも考えておかなければなりません。

中途採用の方は、今までの経験や知識がさまざまです。介護業界に精通したような人材に介護技術や基本事項は必要ありません。釈迦に説法のような教育は不要です。ただしここで注意点があります。中途採用で失敗する例で多いのが、今までの経験や手法、知識を尊重するあまり、入社して少しずつ職場の雰囲気にも慣れてきたころに、モンスター化するケースです。「以前の職場ではこのようにやってきた」という発想で、この会社のやり方ではなく、自分のスタイルを貫き始めます。

こうした事態を防ぐために重要な教育が「○○社　オリジナル導入教育」です。ここでは会社の経営理念や介護に対する考え方を教えます。場合によってはマニュアルを渡すことも有効です。このマニュアルは業務の基本的な考え方や業務の進め方などを記載しておくものです。この「導入教育」でしっかりと会社の方針や考え方を叩き込むということが、モンスター化を防ぐためには大切な取り組みなのです。

入社3～4年以降の中堅職員の教育が重要

皆さんの事業所では「人材育成計画書」を作成していますか？

「人材」を「人財」にするための育成計画書のことです。最近は中長期経営計画や事業計画を作成する介護事業所が増えています。その中に、人材に関する項目がありますでしょうか？

私はこの「人材育成計画書」の作成を顧問先、支援先にご提案しています。

これには「人材ポリシー」→「人材の採用」→「人材の教育」→「人材の評価」→「人事体系」などの計画および考え方が記載されています。

「人材ポリシー」：経営理念から落とし込んだ人材に関する考え方、方針
「人材の採用」：人材ポリシーに基づいた採用の方針、採用のポイント
「人材の教育」：誰を、いつまでに、どのような方法で、どのような人材に育てるのか
「人材の評価」：育てた人材に対して、どのような評価を行うのか
「人事体系」：組織のポジションの明確化、だれをどこに配置するのか

このようなことを記載したものを「人材育成計画」として作成しています。

そして、この計画の中で最近重要視している階層が、事業所では中堅職員といわれる入社3年から4年以降の層です。

人材育成計画の中で、今まで重要視していた階層は主に「新人、初任者教育」。そしてその「フォローアップ教育」といった新入社員教育がひとつです。また、もうひとつの柱が「管理者・リーダー教育」です。この二つの教育は人材育成計画の中にもしっかりと明記され、実際に教育も実施されています。

しかし新人でもなく、また管理者やリーダーにもなっていない中堅職員に対しては、充実した研修計画・プログラムが準備されていない施設が多くありました。

この入社3年から4年以降の中堅職員の施設内における存在は非常に大きいものです。一通りの仕事はすべてこなせる、新人の教育もお願いしている、新人社員の相談にものってくれるなど、中堅職員なしでは施設の業務は回らないといっても過言ではありません。しかしそのような人材に対して、研修など自分を伸ばすというプログラムもあまり用意されていないということが少なくありません。

3年ほど和歌山のある特別養護老人ホームで研修を行っていましたが、そのときに入職3年目のスタッフに次のようなことを言われました。

「志賀先生は、リーダー教育だけを頼まれているのですか？　私たち向けの研修は今後行われることはあるのでしょうか？　リーダーにならないと研修は受けられませんか？」と。

実はこのスタッフに対しては、新人教育を担当したことがありました。その時の印象が強く残っていました。最前列の真ん中で、3時間の研修を一生懸命勉強していたスタッフです。そのスタッフから「私ももっと多くのことを勉強したいです」というリクエストだったのです。確かにその法人からは、リーダーに対する「リーダー教育」と「マネジメント教育」を依頼されていましたので、中堅クラスの研修は行っていませんでした。

中堅クラスの職員は、施設のことをよく知っていますので、さまざまな現場視点からの課題を持っていますし、新人と管理職の狭間で多くのことを感じているポジションなのです。研修を企画するとすれば、まさに「施設の課題を顕在化し、解決するための知恵を出す研修」などは十分に考えられます。

他にも、新人以降に必要だと感じた能力や考え方を発表してもらうことで、今後の新人から中堅職員になるまでの施設オリジナルの研修カリキュラムの作成も可能になります。

その反省を踏まえ、いま中堅職員の研修は、人材育成計画には必須事項として記載しています。今までは多くの施設で、中堅職員クラスの研修がその職員任せだった場合が多いように感じます。施設全体の人員計画の中で、中堅職員クラスの教育、育成は改めて重要な教育になってきています。

第5章

評価の仕方で職員はこんなに変わる

福祉・介護の職場ならではの評価制度とは

福祉・介護業務こそ評価が必要

数年前までは、福祉・介護施設から評価制度の相談を受けることは稀でしたが、2015年の介護報酬改定を契機に、全国の施設からお問い合わせや相談が一気に増えています。これは介護報酬改定の加算取得に対する取り組みの一環ではないかと分析しています。

その加算は「(福祉）介護職員処遇改善加算」です。この加算の要件であるキャリアパス制度の整備・構築が福祉・介護施設に急速に広まっています。キャリアパス制度を整備する中で、評価制度や人事考課制度の仕組みづくりは欠かせません。このキャリアパス制度の詳細については、後ほどお話しさせていただきます。

さて、介護施設における「評価制度」については、多くの施設で「人の評価はできない」という風潮がありました。評価項目はあるけれど、実際に評価はしていないという施設は今でも多くあります。制度はあるが運用はしていないという現状です。介護業界以外の業界では、いまや評価制度がないという企業はほとんどないのではないでしょうか。営業部門がある企業では当然のごとく評価があります。その評価対象で一番重視していることは、まずは売り上げ成績です。次いで勤務姿勢、営業スキル、新規開拓能力、自己研さん能力など多くの評価対象があります。

介護施設では「営業成績のような数字で評価することができない」とか「そもそも評価されることが馴染まない」という評価に対する否定的な意見も多くあります。評価を否定的に捉える方には「評価」＝「数字、成績」という概念が強くあると思います。その数字が見えにくいことも福祉・介護の特徴かもしれません。しかし、現実には福祉・介護にも多くの数字があります。社会福祉法人を経営する理事長・理事も数字を意識し始めていますし、株式会社の社長・役員などはその数字をいつも気にしています。

経営マネジメントは「数字」の管理といっても過言ではありません。

福祉・介護施設における代表的な数字には、次のようなものがあります。

①稼働率：定員に対して、どれくらいの方が利用しているか
②1日平均利用者数：実稼働日数に対する年間延べ利用者数
③職員定着率：一定の期間に何人が入社し、何人が残っているか
④職員離職率：一定の期間に何人が入社し、何人が退職したか
⑤売上増減率：昨年の売上と今年の売上の増減率
⑥研修参加率：職員数に対する研修参加者の比率

⑦入職希望率：応募者に対して何人が入職したか（内定者に対する入職者数）
⑧人件費率：売上に対する人件費の割合
⑨職員1人当たり人件費：常勤換算職員数に対する人件費
⑩クレーム率：1年間のクレーム件数の変化率

このように福祉・介護施設においても、数字はいくらでも拾うことができます。この数字の変化を確認し、改善する項目や改善方法を検討、次の数字を予測することが経営者の仕事になります。もし、これらの数字を把握していない経営者がいるとしたら、それは経営マネジメントではなく、場当たり的な経営となり自転車操業的な行動になってしまうでしょう。やはり経営者はマネジメントを行う責任があり、そのマネジメントの基礎資料の数字をしっかりと意識した経営をしなければなりません。次に何が起きるかがわからない不明確かつ不安定な組織で働くことを望む職員はいないと思います。

経営者自身はこれらの数字によって評価されています。誰に評価されているのか？

それは外部の関係機関によって評価されているのです。例えば行政監査や実地指導を評価の一部として捉えることもできますし、地域密着型の外部評価や福祉サービス第三者評価事業によって評価を受けることもあります。また融資を受けている事業者は銀行のモニタリング評価を受け、経営の実態を確認されます。そして何より一番の評価者は「ご利用者、ご家族」など地域の方です。知らず知らずのうちに施設の評価を受けているのです。
福祉・介護は公的な資金も投入されている業界であり、世間の目も厳しさを増してくることは想像できます。そういう意味でも福祉・介護業界は評価できないという流れは、明らかに変わってくると思います。

評価は「定性的評価」が基本

福祉・介護施設が評価を受けるという流れは今後ますます進んでいきます。先にも述べましたように行政監査の厳格化、外部評価、福祉サービス第三者評価など施設が評価されるような仕組みが増えています。施設の評価は、経営者だけの評価ではなく、そこで提供されるサービスの質や、そのサービスを提供するスタッフの評価なのです。つまりそこで働く人材を伸ばし、成長させることは、施設自体の評価を上げることにもつながるのです。

そのような意味からも、職員を成長させる仕組みが必要であり、そのひとつが評価制度になるのです。まず、職員を成長させる仕組みで思いつくのは人材研修です。ただ、研修によって人を育てることはもちろん間違ってはいないのですが、問題は「何を教育するのか」です。やみくもに何でもいいから研修をしようと考える人はいないでしょう。

教育する前に、何を教育するのかを検討しなければなりません。検討する上でいくつかの基礎情報が必要になります。そのためにまずは次のようなことを確認する必要があります。

①自分が習得したいこと
②自分が興味・関心があること
③自分が克服しなければならないこと
④自分がもっと伸ばしたいこと

①、②に関しては本人からのヒアリングなどから聞き取り、その研修を準備することが可能です。自分が意欲的に習得したいことや興味関心があることは、おそらく自分の好きなことの可能性が高いので、個人の能力アップが組織力のアップにつながるような研修であれば、どんどん受講していただくように勧めていくことが重要です。ただし、先述したように「経営理念」の実現に役立つ内容かを確認して下さい。

③、④に関しては評価制度の結果で検討することが可能です。人事評価の結果、弱みや強みなどが明らかになります。組織が求める能力に対して、できているかできていないかが評価されていますので、組織にとっても必要な能力を身につけてもらうことは非常に重要です。

私は、そこに評価制度がある組織とない組織の差がでてくると思っています。

ではその評価する項目とは、どのようなものが福祉・介護施設に向いているのでしょうか？

経営者の評価においては、先にご紹介したように数字の評価が主な項目になるでしょうが、職員の評価については一部の管理職を除き、「定性的評価」が主体になります。

この「定性的評価」の「定性的」とは「対象の状態を不連続な性質の変化に着目してとらえること」です。簡単にいうと、スタッフの資質や普段の行動の変化に注目することになります。ポイントは「変化」を見るということです。これを「成長」といいます。

まとめると、福祉・介護の人材評価は「定性的評価」を行い、その評価の項目は「成長」に関するものになり、どのように成長しているかの変化の度合いを評価することになります。

そしてその成長は、「仕事における必要な能力」の成長を確認することでわかります。

例えば「コミュニケーション能力」という能力について評価するとします。

「コミュニケーション能力の向上」といっても、かなり幅があります。「話す」「聴く」「伝える」「表情」などコミュニケーションを構成する要素はたくさんあります。それぞれの能力を高めることが目的です。

「聴く能力」では「聞く」「聴く」「訊く」など段階があります。特に介護施設では「傾聴」が重視されていますし、職員も耳慣れた言葉です。

入社時の新人の頃に求められる能力は「聞く」が主体となるでしょう。次第に「傾聴する」「聴く」という姿勢が求められます。

また「訊く」については質問するというニュアンスもありますので、「わからないことを先輩社員に訊くことができる」という姿勢も重要な評価項目として挙げられます。

評価項目は「○○することができる」という能力を持っているかという記載をするようにします。これが「定性的評価」の基本になります。

キャリアパス制度の構築方法と活用法

「キャリアパス」とは「Career Pass」と表記します。直訳すると「職業・経歴の道」となります。研修などで、私はいつも「能力マップ」「能力ロード」という言葉で説明しています。つまり今の自分の能力はどれくらいなのか、どのような資格を有しているのかを確認し、そして今後その能力や資格を活用して、3年後、5年後、10年後どのような道に進むかを確認できるものがキャリアパスなのです。

第6章でもご紹介する「人材定着率が高い施設」には、キャリアパス制度が必ずといってもいいほどきちんと整備されています。反対にキャリアパスが見えない職場やキャリアパスが望めない職場では、人材がなかなか定着しません。やる気があり、向上心のある人材ほど辞めていきます。

平成21年に開催された全国介護保険担当課長会議資料の中で、キャリアパスに関して次のような説明があります。

「介護職員について、どのようなポスト・仕事があり、そのポスト・仕事に就くために、どのような能力・資格・経験等が必要なのかを定め、それに応じた給与水準を定めること」をキャリアパス要件としています。

さらに介護職員処遇改善加算のキャリアパスに関する要件として、次の1から3までを掲げています。

1. 介護職員の職位、職責又は職務内容等に応じた任用要件を定めている
2. 1に掲げる職位、職責又は職務内容等に応じた賃金体系（一時金など臨時的に支払われるものを除く）について定めている
3. 1及び2の内容について、就業規則等の明確な根拠規定を書面で整備し、すべての職員に周知している

以上の要件は、「介護職員処遇改善加算」を取得する上で必須になっています。この加算には区分がありますので、その他にも職場の環境整備や労務環境の向上などの取り組みをすることで支給割合が増額するものもあります。この機会に働く環境を整備し、働きやすくやりがいの感じられる職場を形成していこうと考えている事業所も多くあります。

キャリアパスの精度を高めるためには、次の3点を押さえることがとても重要です。

1. 誰が、またはどのステージの人間がどのような仕事を行うのか
2. 誰が、またはどのステージの人間がどのような役割を担うのか
3. 各ステージに必要な能力を分析する

この三つを押さえながら、キャリアパス要件である職位（ステージ：経営職、管理職、指導職、スタッフ職など）、職責（役割）、職務内容（業務掌握調査から見えた仕事内容）を検討していきます。そして最終的に任用の要件を考えます。任用の要件は次のステージに上がるために必要な経験や資格、知識を定めることです。経験年数や研修受講などが要件になるかと思います。

ここまでに一応のキャリアパス表は完成します。

次は、この完成したキャリアパス表と賃金制度と人事考課制度のリンク付けが必要です。就業規則に評価制度実施の条文を付加したり、新たに人事考課規程を作成する事業所もあります。内容的には、評価対象者、評価期間、評価項目、評価者の明示など大枠を規程に盛り込みます。そして、賃金規程にその人事考課結果を昇格（降格）、昇給（降給）などに反映していきます。

これらの実施においては、全職員に周知することも必要ですので、全体会議などを通じてキャリ

アパス制度の導入について説明する機会を設けていただければと思います。以上がキャリアパス制度の構築方法です。

ただ、実際の福祉・介護施設は、小規模な施設・事業所が大半を占め、多岐にわたる仕事量があるわけではない、という意見も多く耳にします。

そのような場合でもキャリアパス制度は策定できます。

小さな規模の事業所でも、5階層（ステージ）は可能です。例えば、いま3人しかいない事業所が五つのステージを考えることはできないと考えるかもしれませんが、今後の規模の拡大などをイメージしながら、仮想のステージでも構いません。いまは該当するステージに人材はいないかもしれませんが、向上心のある部下にとっては上のステージが見えることが重要なのです。もし仮に3ステージくらいのキャリアパス表の場合、スタッフの上位ステージが施設長などとあると現実の自分と目指す姿があまりにかけ離れているように思え、やる気のスイッチが入りません。少し頑張れば届く目標を見せることがポイントです。

どんなに小規模な施設においてもキャリアパス制度を構築することはできますので、あきらめずに挑戦してみて下さい。

管理職・リーダー職の評価軸は「人材成長度」で

「人材」を「人財」にするための定義

「じんざい」には四つの「じんざい」があります。

「人財」：お手本になるような行動をして、組織にとっての財産のような人物
「人材」：仕事をこなすことに特に問題はない人物
「人在」：基本的に存在感だけあるような人物
「人罪」：組織に反抗的で、協調性もない人物

いかがでしょうか？　皆さんの組織にはどの「じんざい」がどの割合でいますか？
どの組織も「人財」を求めています。経営者からすると、少なくとも人財と人材で6～7割を占めたいと考えています。組織論ではよく「2：6：2の原則」ということが言われます。組織には2割のやる気のある人、6割のどちらつかずの人、2割のやる気のない人がいると言います。多くの組織を見てきましたが、そのとおりだと感じます。

全体研修などで全職員を対象にすると、必ず1割から2割の方の受講態度がよろしくありません。残念ながらどんな組織にも「人在」や「人罪」は少なからず存在していますので、そこは想定内としておいた方がよいかと思います。

しかし、組織にとって特に好ましくない人罪を、いつまでもほったらかしにしておくわけにはいきません。なぜならば、一生懸命頑張っている人材や人財に失礼だからです。マイナスのオーラは、非常に強い影響力を持っていると言います。やる気のある人財のやる気を奪っていきかねませんので注意して下さい。実際に人罪をあまりに放置しておいたことで、優秀な人財が退職してしまった事例は介護施設には多くあります。

ただ、いまの労働基準法など労働法では、いくら人罪といえども、人を簡単に辞めさせることはできません。しっかりとした証拠や根拠のない解雇などは社会通念上認められませんので、不用意で短絡的な解雇は避けるべきです。そのような際には、社会保険労務士など労務管理の専門家などに相談される方がよいでしょう。

私は時々、営業マン研修の依頼も受けますので、その際には「コンピテンシー」という言葉を使います。このコンピテンシーは、成績優秀な人材の行動特性をいいます。優秀な成績を挙げる人には、同じような行動パターンがあります。

例えば営業マン研修で、優秀な営業マンの行動特性を挙げてもらうワークを行うと、次のような行動特性がでてきます。

・約束を必ず守る
・お客様の話を傾聴する
・お客様を否定しない
・時間を守る
・誠実さがある
・うそをつかない
・自信を持っているが自慢しない
・笑顔を絶やさない
・行動が早い
・商品知識が豊富
・押し売りをしない
・自分の考えを持っている

これを見ると、介護施設の職員にもいくつもの行動特性があてはまると感じないでしょうか？

結局のところ「人財」はどの業界でも同じなのです。

皆さんの施設においても模範になる、お手本になる優秀な人財がいると思います。その人財のコンピテンシーについて議論してみてはいかがでしょうか。

自分よりできる人を育てたら絶賛の評価をする

ある特養の介護部長と人材育成の話をしているときに、こんな相談を受けました。

「今の施設の階層を見てみると、施設長をトップに、その次に介護部長、介護課長、介護リーダー、介護主任（副主任）、スタッフと続きますが、職員数的に考えるとどう見てもポジションが少ない、足りないような気がしています。ポジションがないということは、もし自分より優秀な人材に成長してきたときに、自分が抜かれるということですよね」。

私は「そのとおりですよ」と回答しました。

この部長の話はさらに続きます。

「そうですよね。僕だったら自分が抜かれそうになったら、どうしても自分を守ろうとしてしまうと思うんです。つまり抜かれないように、例えば教えるべきことを教えない、といったことをしてしまったり、次第に仲が悪くなっていくのではないかと心配することがあるんです。どうしたらよいでしょうか？　実際に今の介護リーダーはかなり成長していて、部長の僕から見ても介護課長より能力は高いかもしれないと思っています。それでも育てることは必要なのでしょうか？」と。

彼は私の研修を非常に真剣に受講してくれていました。研修では「管理者・リーダーの重要な仕事は『部下の育成』です」と何回も伝えていましたので、それを愚直に実践しようとしたときに、そのような心配が起きたのでしょう。

私の結論は、「自分より優秀な人材をどんどん育成しよう」です。

そのときに成長した部下のポジションをどうするのかについては、予定通り昇格させることを提案します。また成長させた管理者・リーダーについては、降格させることはせず、部下を成長させたことをしっかりと評価します。人を育てるスキルを持っていると判断し、新たに人材育成専門の部署を設置し、そこの部長に任命することもできます。要するにポジション・部署を増やすのです。同部署に配置する必要がある場合などは、「○○補佐（代行）」「○○待遇」などのポジション・肩書きを創ることもできます。

先述のキャリアパス表や人事考課規程などの変更が必要になることもあります。

組織にとっては、優秀な人財にどんどん成長することは有難いことです。人財に育てることができるのはその人の能力です。その能力は当然、評価の対象にしなければなりません。彼の所属する施設の管理者・リーダーの評価項目には「人財育成力」という評価項目があります。この「人財育成力」の中には、さらに細かく「目標設定力」「コーチング力」「気づき力」「補佐力」「実現力」という項目が設定され、4段階で評価できる仕組みを導入しています。ちなみに4段階評価は「5・4・2・1」で、中間の「3」はありません。これは中心化傾向を避けるための仕掛けです。これによって管理者の普段からの部下に対する観察力が格段に向上してきます。

先ほど相談してくれた介護部長は、現在、総合人事部の部長をしています。人の採用から教育、そしてキャリアパス制度の責任者として、人事に関するほとんどのことを行っています。彼は言います。

「自分のポジションやステージが上がれば仕事の役割も変化します。いまは直接介護サービスを提供する仕事からは少し離れて寂しい気持ちもありますが、いまの仕事は最高の介護サービスを提供する人材を一人でも多く育てること、これが私の役割です」。

彼に出会ってから5年になりますが、すごく成長している人財です。仕事の幅、見方、考え方すべてが広がっているので、私も非常に嬉しくなります。人財育成冥利に尽きます。

管理者の最大の仕事は人材育成である

管理者・リーダーの役割は次の五つを常に意識していることが重要だとお伝えしています。

①目標を設定する

②組織化する
③動機付けとコミュニケーションを図る
④評価測定をする
⑤人材開発（育成）をする

実際の施設では、入浴や送迎などの補佐をしなければならないこともたくさんあると思いますが、この五つの役割は、常に頭に入れて管理者の仕事をする意識を持っておかなくてはなりません。

①の「目標を設定する」については、部下自身に目標を設定させることが大切です。この目標は仕事に関する目標です。

もし評価制度があり、運用されているのであれば、面談でその評価結果を参考に部下の目標を一緒に考えていくことも管理者の役割となります。部下の目標設定の支援をする以前に管理者本人が目標を設定することはいうまでもありません。

②の「組織化する」とは、将棋で例えると自分の持ち駒をどう活かすかということです。その際に自分の駒がどのような動きをするのかといった特徴を知っていることが重要です。これを組織で考えると、自分が管理している組織において、どのような人材がいて、どのような能力や資格を持っているかによって、戦略・戦術も変わってきます。

福祉・介護施設においても、スタッフがどのようなことができる人なのか、苦手なことは何か、保有資格は何かなど、組織の目標を実現させるために適材適所を考えることが必要です。つまりスタッフの強み・長所と弱み・短所を管理者が把握しておくことは組織化することには欠かせません。

③の「動機付けとコミュニケーションを図る」に関しては、部下のやる気を醸成できる能力が必要になります。やる気を出させることの大前提は、管理者本人のやる気が高いことです。やる気のない組織のリーダーには、やる気のある人材はついてきません。やる気を高めるためには、部下とのコミュニケーションを図ることに尽きます。部下に積極的に声かけをします。コミュニケーションを多くとることは信頼度に比例します。信頼度の高まりは、④にある評価測定をすることにもかなり影響してくることになります。

④の「評価測定をする」に関しては、これからますます管理者の重要な役割となります。評価制度は被評価者と評価者に分かれます。評価者が被評価者である部下を評価しますが、この際に公平・公正・中立に評価をすることが求められます。管理者が絶対にしてはいけないことに「えこひいき」があります。えこひいきと勘違いされるようなことは絶対に避けるべきです。今まで築いてきた信頼関係を一瞬で崩壊させせかねませんので、ご注意下さい。

最後に「人材開発（育成）をする」ことを挙げました。部下育成は今まで説明した①から④までの役割の総和になります。人材開発・人材育成をするためには、目標設定をさせ、部下の強み、弱みを把握して組織をつくり、その組織を活性化、発展させるためにはモチベーションを上げ、コミュニケーションを図る必要があります。そしてその組織が目標達成に向かって機能しているかを評価します。この過程の中で、組織で働く人材は成長するのです。

さらにはこれからの管理者は人材を成長させるだけではなく、新たな能力を見つけ開発することまで求められる時代になっていきます。この五つの管理者の役割を意識した組織は、間違いなく目標の実現、経営理念の実現に向かっていきます。

スタッフ職の評価軸は「時間軸成長度」で

他人と比べず、過去の自分と比較する

評価されることが嫌いな理由。

「他人と比較される」から、という人は多いと思います。

「Aさんは○○ができるから、Aさんのようになりなさい」と言われたことはありませんか？

例えば勉強のできる兄貴がいると弟はよくこう言われます。「お兄ちゃんのように勉強しなさい」。すると弟は「わかってるよ。でもお兄ちゃんと僕は得意なものが違うから」と反論します。恐縮ですが私の家族の会話です。

私から見ても、兄貴は勉強をしっかりするほうです。弟は野球だったり、仲間作りが上手だったりします。確かに弟の言うように得意なものが明らかにちがいます。人と比較されることに慣れて

いないようにも感じます。他人と比較するのではなく、自分の得意分野を伸ばすという指導が学校でも当たり前になりつつあります。施設でもこの指導に慣れている、いわゆる「ゆとり世代」が入職してきますので、その世代に対しては、長所や得意な面を伸ばすという育成方法や評価システムを準備しておいて下さい。

また、組織内における評価システムについては「他人との比較で評価する部分」と「自分の中の成長を評価する部分」をしっかりと分けて考えることが重要になります。そう考えると介護施設の評価手法については、介護業界の特徴も踏まえ、どのような評価制度が向いているのかを考えていかなければなりません。

おさらいになりますが、福祉・介護施設の特徴は、さまざまな資格を有する専門職集団です。ですから当然、仕事の内容、役割、責任の範囲、また得意な分野も苦手な分野も違います。つまり「なかなか比較することが難しい業界」であるという事実を押さえておかなければなりません。

さらに勤務形態についても、パートが多数活躍している職場だということも特徴です。正社員とパートの「ものさしが異なる」という点も評価制度の導入について悩みが多いところです。正社員と同じような勤務をしているフルタイムパートから週1日の勤務の方もいて、他人との比較が難しいということも押さえておく必要があります。

私の経験上からの結論ですが、他人と比較する相対評価は、介護施設では基本的には不向きではないかと考えています。

評価方法には主に二つの方法があります。相対評価と絶対評価です。

相対評価：他の社員と比較して被評価者の評価を決める方法

絶対評価：他の社員と比較せず、あくまで被評価者の働きぶりのみを振り返って評価する方法。

　　その評価はあらかじめ決めておいた評価基準を基にした評価

どちらも一長一短ありますが、最近の主流は「絶対評価」を勧める傾向があります。

相対評価は相手との比較が基本ですから、比較する相手が目標とするレベルにないような存在の場合、それ以上の成長を望むことをしなくなる傾向があり、組織、人材の成長、活性化に限界があります。また組織内での評価が基本ですので、他の施設のことを意識することがなく、「井の中の蛙」状態になりやすいのです。その結果、組織外つまり他の施設とのバラつきが生じやすくなります。

また優秀な人財が豊富な施設に属している場合、どんなに頑張っても良い評価はもらいにくいという現象が起き、それがモチベーションの低下につながることもあります。反対に優秀ではない人材が多数を占める施設に所属している場合、少しの頑張りで良い評価を得ることができます。良い評価に対する満足感が次への成長を阻害してしまうこともあります。相対評価は、施設間での不公平感が出やすいことがデメリットです。

一方、絶対評価は他人との比較はしません。自分との比較ということになります。自分との比較、つまり過去の自分と現在の自分、そして未来の自分との比較をするのが、絶対評価とも言えます。そしてその評価は、「あらかじめ決めておいた評価基準を基にした評価」となります。

例えば、「ご利用者のニーズを的確に理解することができる」という評価項目があるとします。これに対して「ご利用者だけではなくご家族のニーズまで理解している」ような場合は、上位の評価を受けることになります。具体的な項目に対して評価を受けるのが絶対評価ですから、被評価者の納得性も得やすくなります。この納得性が高いという点が、人材育成につながるということも絶対評価が推奨されている点ではないかと私は考えています。

ただ絶対評価にもデメリットがあります。先の評価項目をもう一度見てみましょう。「ご利用者のニーズを的確に理解することができる」。

この評価をする人、評価者の観察する能力によって評価結果が異なることもあります。

同時に評価者の主観も入る余地があります。絶対評価の難しいところは、評価者の目線を合わせにくいということです。このために、評価者研修や2次評価制度を導入するなど、できるだけ同じ目線の「ものさし」で測れるようにする工夫や努力が必要になります。

半面、相対評価は、他人との比較でできているかできていないかの判断ですので、主観が入りにくいという特徴もあります。

先ほど福祉・介護施設では絶対評価が適していると言いましたが、相対評価、絶対評価ともに一長一短はあります。

最近は1次評価、2次評価の2段階の仕組みで評価を行っている施設も増えています。そのような評価制度を採用している組織では、1次評価を絶対評価で、2次評価を相対評価で行うことも多いです。2次評価は、1次評価者の評価に偏りがないかを確認し補正することが目的です。

評価制度は、自分たちで作成するものが、一番運用がしやすいものになります。最初にできた評価制度は時代とともに変化します。人材が成長すれば評価基準も変化します。まずは自分たち主体で作ってみることが大事です。

キャリアビジョンを描くと仕事が変わる

目標を持った人間と持っていない人間とでは、行動力が格段に違います。そしてその行動力の差は3年後、5年後とさらに差が開きます。キャリアビジョン、つまり目標設定した人材は、確実に人財に成長していきます。

私は2015年から全国社会福祉協議会が実施している「福祉職員キャリアパス対応　生涯研修」の指導講師をしています。この研修プログラムは初任者から管理者まで各階層に分かれています。各ポジションの役割や考え方、ものの見方を学ぶことができ、わかりやすい言葉で書かれているのでお勧めです。

この研修の目的は、最終的に「個人のキャリアビジョン」を書いてもらうことにあります。キャリアビジョンを描くプロセスで、各階層、役職ごとに習得すべき能力や考え方を確認していきます。その習得すべき内容について紹介しますと、

1. キャリアデザインとセルフマネジメント
2. 福祉サービスの基本理念と倫理
3. メンバーシップ、リーダーシップ
4. ステージごとの能力開発
5. 業務課題の解決と実践研究
6. リスクマネジメント
7. チームアプローチと多職種連携、地域協働
8. 組織運営管理

以上の八つから構成されています。このテーマを「初任者」「中堅職員」「チームリーダー」「管理職」の4ステージごとに習得していきます。ステージによって役割や考え方も異なりますので、ステップアップするためには何を勉強することが必要なのかが明確になっている点も使いやすい理

由の一つです。

キャリアビジョンを描くためには、このような研修プログラムのテーマ等を確認しながら題材を集めていくのもひとつのやり方ですし、その他にキャリアパス制度や評価制度なども、キャリアビジョンを描く際には十分な参考資料・教材になります。

特にキャリアパス表や評価項目については、自分の所属する組織、施設が期待している項目が明らかになっています。評価項目の数は施設によって違いますが、多くても30項目くらいだと思います。すぐに全部を頑張ろうとするのではなく、今の自分にできることから行動・実践していくことを重視して下さい。一気にすべてをクリアする必要はありません。

そのためにはまず、自分の組織の評価項目やキャリアパス表にある求められる能力を読み込み、しっかりと理解することです。そして愚直に実践すること。その結果、評価項目にある行動を実践し、必要な能力を身につけることで評価されるのです。

キャリアビジョンは、それらの能力を身につけた結果、実現することが可能になります。

キャリアビジョンを検討するにあたって、次の題材を自分で考えてみることです。

1. いまの自分ができること
2. 今後やりたいこと

3．2のやりたいことをやった成果
4．いまの自分に足りないもの
5．もっと伸ばすべきもの

とはいってもすぐに思いつくものではありません。これには準備が必要です。

実際に先に紹介したキャリアパス研修は2日かけて受講いただく内容になっていますが、事前にテキストを予習していただくなど、結構な時間をかけて準備をします。そして2日目の最終セッションでは、キャリアデザインシートを書き上げています。

この五つがイメージできるようになることで、自分のキャリアビジョンの達成に近づきます。重要なことは、この五つは自分にしかわからないことですから、真剣に自分と向き合って考えることです。

キャリアパス研修後の懇親会で何人かに感想を伺ってみると、次のような感想がありました。


「自分の弱点が改めてわかった」

「これから何をしたいのか、など真剣に考えたことはなかったが、自分のやりたいこと、目標が見えた」

「何を学ばなければならないのかが見えてきた」

「自分の目標を考えているうちにワクワクしてきた」
「もっと早く考えるべきだった」

など、ほとんどの方が前向きな感想です。キャリアビジョンを描くとは、目標を設定することなのです。

多くの施設・事業所を見てきましたが、経営理念、法人理念、経営計画など経営者のキャリアビジョンや目標設定は明確にされていますが、そこで働く社員・職員のキャリアビジョンや目標設定をしているところはまだ多くはないように思います。

3年前から年に一度の経営計画発表会や全体集会の場で、職員のキャリアビジョンを発表しているデイサービス、特養があります。

明らかに職員の表情、行動に変化が出てきています。

面談のちょっとした工夫がスタッフを育てる

人事評価制度を軌道にのせ、意義あるものにするために重要な仕組みが「面談」です。この「面談」を、評価結果についてただ知らせるだけのものにしていないでしょうか？

人事評価制度がうまく機能している施設は、この面談を最大限に活用しています。面談の時間は最低でも1時間かけて行います。

以前支援させていただいた愛知県内のあるグループホームでは、人事評価制度も整備され、年2回の評価を実施し、その結果についても面談していました。自分たちで考え実践していましたので、評価制度の手本になるような施設だと期待しながらの支援でした。

しかし、いくつかの課題が見えるようになってきました。それは「面談」でした。面談時間は約20分。短い場合は10分くらいで終わっていました。支援に入った当初、まずどのような内容の面談になっているのか、確認するためにいままでのやり方で面談を行っていただき、その場に同席させてもらいました。面談の出席者は専務、人事部長とスタッフ本人の3者面談です。

面談の大まかな流れは次のとおりでした。

①「ねぎらいの言葉」
②「最近の仕事の感想」
③「改善してほしい要望」
④「評価結果を伝える」
⑤「その感想」

⑥「励まし」

皆さんの施設の面談と比べていかがでしょうか？

順番は多少違うかもしれませんが、「うちの施設とほとんど同じ」という声が多いのではないでしょうか。

この面談で私が特に印象深かったのは、④の時間が短いことです。せっかくの面談の時間にもかかわらず、何となく触れたくない部分のようにも感じられました。

面談後に人事部長に「この面談の目的は？」とお聞きしたところ、「最終的には近況の情報交換、意見交換が中心になっています」ということでした。しかし、スタッフへの周知は「人事評価面談」となっています。

「人事評価面談」となっていますから、評価結果をお伝えするための面談という割にはあまりに時間配分が違うのではないかと思いました。

面談後のスタッフ何人かにも、今の面談について感想などをお聞きしました。

スタッフには「③の要望を正式に伝える場である」という方も結構いました。その他には「悩み相談です」という声も多くありました。スタッフの多くは「人事評価についての結果を聞く機会」というイメージは薄いようです。

ただ、せっかく自分たちで評価制度を策定し、実施しているのですから、ここはもう少し効果のあるものにするお手伝いができるのではないかと考え、「さらなる人事考課の効果を上げるために」という主旨で提案し、まずは「面談」のカイゼンを検討することになりました。

このカイゼンのまず第一歩は、面談の目的をしっかりと定めることです。

ズバリ、評価後の面談の主旨は、

①「評価結果について確認し話し合う」

②「評価制度の結果から目標を定めること」

を確認しました。定める目標については、

①評価結果から自分に欠けている点

②会社として望むこと

③今の自分ができること

この三つを中心に確認し、最終的には、

④「少し頑張ればできること」

を目標として設定するようにしました。この「少し頑張ること」を「成長」と定義しました。

そして管理者は、スタッフが定めた目標に対して、その進捗度を常に意識し、困っている場合や進んでいないような場合には、適切にフォローをすることを役割としました。

このような面談に変更しての効果は明らかです。目標設定がスムーズになりました。

1. 自分から目標を設定するようになった
2. 自分で設定した目標に責任を持つようになった
3. できることといまはできないことが明確になり、目標に集中するようになった
4. 自己成長をしようという意識が芽生えた
5. 会社の目標と自分の目標を関連づけるようになった

こんな嬉しいカイゼンの結果がでています。面談の時間は平均20分から1時間、長い人では2時間もするようになっています。今ではかなり内容の濃い「評価面談」に生まれ変わっています。

第6章

こうすれば人材確保に困らない

応募者はあなたの施設の「ここ」を見て判断している

ホームページはあるか、どういう情報を提供しているか

今の時代、ホームページは人事戦略上も非常に重要なツールになっています。ホームページは、24時間、365日営業してくれています。それも全世界に向けた営業をしています。人事戦略的には人事マンとして、それ以外にも営業マンとして、場合によっては財務マンとしてもホームページは活躍してくれます。今やホームページは経営上の必須ツールです。

ただ介護業界では、まだまだホームページを活用した戦術を立てている施設・事業所は少ないように思います。そして驚くことに、まだホームページを作成していない施設・事業所もかなりあります。

ホームページを活用した人事戦略としては、ホームページは求職者に対する人事担当者となります。新聞広告や折込チラシ、またはハローワークにて求人募集を見た求職者は、興味関心のある施設・事業所にアプローチをかけるでしょう。

その最初のアプローチがホームページなのです。

例えばハローワークのパソコンで自分の興味のある求人を見つけ、担当者のところへ求人票を持っていくと事業所に面談のアプローチ、面接日程の段取りまでしてくださいます。求職者の多くは、その後、どのような事業所なのかさらにインターネットで評判なども検索をするでしょう。今や情報があふれている世の中ですから、自分の事業所がどのような評判なのかなど情報には敏感になっておかれるほうが良いと思います。

そしてその検索した結果なのか、時々、面談時間になっても面接者が来ない、ドタキャンされたということも残念ながら介護業界ではよくあります。

私も社労士ですので、ハローワークとのお付き合いは多々あります。介護事業者の面接ドタキャンがなぜ結構あるのか自分なりに分析してみました。するとある傾向がありました。

ホームページのない事業者は、ドタキャンされる比率が高いのです。以下は私の推測もありますが、例えばハローワークでの求人情報や折込チラシ、新聞広告のチラシの情報量は、仕事を決めるという重大な決断をする割にはあまりにも情報が少ないのです。あるハローワークで社労士業務の手続きをしていたときに、求職コーナーに注目していました。すると求人情報の画面と携帯の画面を見ている方が多いのです。おそらく求人企業のホームページなどを見ています。それら複数の情報を得た上で、求職の申し込みを担当者にしにいくわけです。このときには、さまざまな情報を入手した上での決断になっています。

このことが、すべてに当てはまるわけではありませんが、ホームページの有無で求人における面接ドタキャンも防ぐことができるのではないかと考えています。

では、そのホームページの内容については、どのようなことを掲載しておけばいいのでしょうか？　参考になるのが「マーケティング戦略の基本」です。マーケティングには、いくつかの段階があります。その中で「市場細分化」という過程があります。これは「どのような方に対してマーケティングを展開するのか、顧客の特性に応じていくつかに区分する」ということをします。つまり「対象者を明確にする」のです。

福祉・介護施設のホームページの場合、この対象は「ご利用者・ご家族向け」と「求職者向け」に区分することです。介護施設などでは「ケアマネジャー向け」の情報提供も必要です。

特に求人をするのであれば、「求職者向け」に絞った情報提供は効果的です。スタッフの１日の勤務状況、先輩スタッフの声、研修システム、福利厚生など働く側にとって必要な情報を区分して情報提供します。

「ご利用者・ご家族向け」には、１日の利用の流れ、レクリエーション内容、ご利用者の声、利用の効果・成果など求職者向けとは内容が違います。

このようにホームページの内容を少し工夫するだけでも、求職者、利用者の増加が見込まれます。

三重県のある社会福祉法人では、ホームページの対象者を明確に区分けし、リニューアルしました。

採用担当者は、求職者が倍になったと言います。

地域密着型産業として地元の評判を意識すること

スタッフを募集するとき、自分の施設の評判を意識したことがありますか？

地域でどのようなうわさなどがあるか知っていますか？

福祉・介護事業は、超地域密着型の業種です。働いているスタッフ、施設をご利用いただいているご利用者は、ほとんどが施設の近くからの出勤であったり、お越しいただいたりしているのではないでしょうか？　中には1時間以上もかけて通っているスタッフにお会いしたことがありますが、そのような方は非常に稀です。

通所系のサービスにおいても、ご利用者へのサービス提供範囲は、実質片道1時間が限度でしょう。往復2時間の移動はご利用者の負担はかなり大きくなります。そのような点からも、小さな範囲の地域の方を対象にしたビジネスモデルなのです。

超地域密着型ビジネスということは、地域の評判がとても重要になります。地域の評判が悪くなると、その地域からスタッフを集めることも難しくなりますし、ご利用者も遠い地域からの利用が増えていきます。遠い地域からスタッフが通うとなると通勤費などのコストの増加や、いざと言うときの応対にも不便を感じることができます。同じように遠方からの移動だけでもご利用者本人の身体の負担になりますし、経費的にもガソリン、人件費など送迎のコスト負担が増えてしまいます。

これからの介護事業は人材やご利用者の確保の面においても地域密着型を意識することです。

では地域での評判を上げるには、何をすればよいのでしょうか？

それは、とにかく地域貢献を地道に行うことです。地域から孤立している施設は、多くは地域貢献に消極的、否定的になっています。

社会福祉法人改革においても、改めて社会福祉法人の地域貢献の義務化が進んでいます。社会福祉法人以外の福祉介護施設においても、より地域に出向き、交流を重ねることが施設を知ってもらうチャンスにもつながります。

他社の求人情報は人材確保のヒントがいっぱい

毎週、週末になると折込チラシには求人チラシが相変わらずたくさん入ってきます。その中でも介護・福祉関係の求人は、一番数が多いのではないでしょうか。

このチラシを皆さんの事業所では、どれくらい気に留めていらっしゃるでしょうか？　そのまま廃品回収などに回していないでしょうか。

「となりのA事業所が募集しているな」「B事業所はいつも募集しているな」「C事業所の時給はいくらか」などの情報をさっと見るくらいの感覚でしょうか。

求人募集をする際には、他社の時給相場を考えて決定しているでしょうか。それとも自社の他従業員の時給を重視しているほうでしょうか。

好ましいのは、そのどちらをも考慮して時給を決定することです。自社の中の時給ばかり見ていると、もしかすると他社の時給より50円も安かったなどということも少なくありません。逆に他社の時給水準ばかりに目がいっていると、時給競争に巻き込まれて自社の経営に影響を与えてしまうこともあり得ます。

その結果、例えば時給ではライバル事業所にはかなわないと考えれば、福利厚生面、勤務時間の融通性、休日の取りやすさ、インセンティブ制度など他の面で優位性を見せていかなければなりません。

私は顧問先の事業所から求人をしたいと相談があると、その地域の求人チラシ、求人情報誌を過去1カ月～2カ月分集めてもらいます。それはその地域の人事マーケティング調査のためです。

そのチラシには他社の賃金水準やサービス内容、休日、人員配置など他社の貴重な情報が満載です。競合ライバル事業所の情報収集は、マネジメントの戦略上、非常に重要な資料になります。その情報をパソコンなどに入力している事業所もあります。時給についてはグラフ化し、その事業所の時給の推移をデータとして管理することもあります。大きく時給が上昇したとか、下落したということもグラフ化することで、他社分析につなげることもできます。そこまでやるのかと思われる方もいるでしょう。しかしそこまでやっている事業者は強いです。

私はもともと営業マンでしたので、営業マン時代は他社の商品調査は必ずするように指導されました。営業マンであれば、競合ライバル社の商品特性を知っていることは当たり前のことです。ライバルのことを知らないということは、市場の中における自社の商品の位置付けや人気度合いなどがわからないまま、売り続けるということになります。他社の商品を知らなければ、商談時に「当社の商品で他社の商品に負けない部分はここです」という自社商品の特徴を、自信を持って伝えることができなくなります。ライバル企業の動向を知ることは自社の強みを知る上でも重要です。

同じようにライバル事業所を知る上で、毎週の求人チラシ等は他社の動向や人事戦略を知るために重要な情報源になります。またチラシだけではなくホームページなどでも情報収集することも習慣化しておくようにしましょう。

優秀な人材はその地域において、争奪戦になるとも言えるのです。また、求職者はほぼ同一地域、同じ職業であれば複数に応募しています。自社の優位性について自信を持って伝えるためにも、日ごろからの情報収集とその分析は重要になってきます。

職員は「ここ」が気に入って働き、「ここ」が嫌で離れていく

定着率の高い業界や施設をマネしてみる

離職率の高い業界について平成26年雇用動向調査結果の概況を厚生労働省が発表しています。その結果によると、離職率の高い業界は次のとおりでした。

1位　宿泊業、飲食サービス業　31・4％
2位　生活関連サービス業、娯楽業　22・9％
3位　サービス業（他に分類されないもの）　22・3％
4位　医療、福祉業　15・7％
5位　教育、学習支援業　15・6％

医療、介護業界という括りではありますので、福祉・介護業界だけのデータではありませんが、一応の目安にして下さい。離職率の高い「宿泊業、飲食サービス業」の約半分の離職率ということ

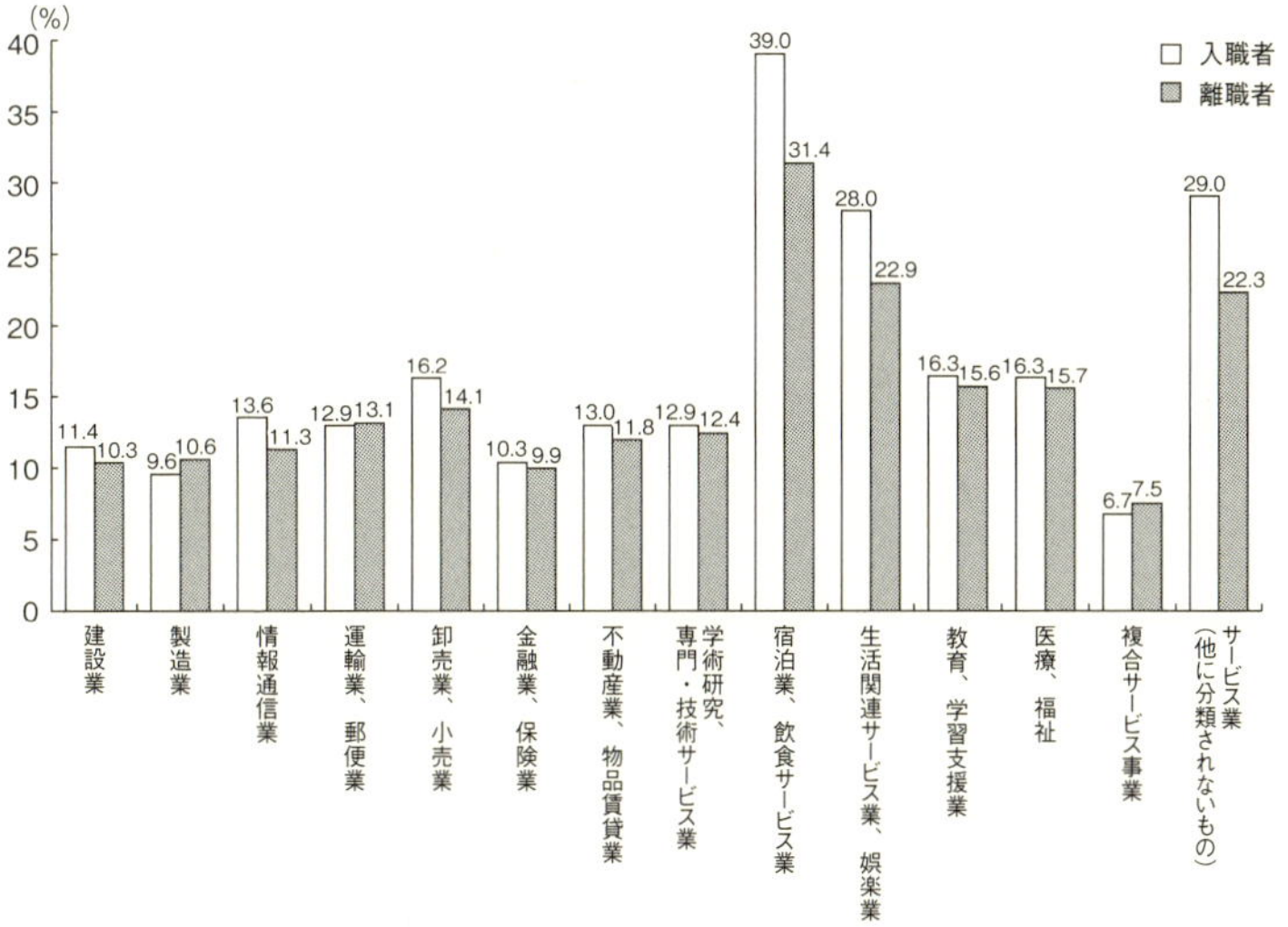

平成26年雇用動向調査結果の概況より

ですので、他にも人材不足に悩む業界があるということです。

一方で、金融保険、製造業、建設業という比較的大企業の属する業界で離職率が低いということがわかります。福祉・介護業界とは企業規模も明らかに異なりますので、一概にすべてを真似すれば同じように離職率が低くなる、ということは難しいかと思います。とは言っても離職率が低いという事実はありますから、その業界の特徴などを確認・分析しておいて損はないでしょう。

離職率の低い業界の特徴は三つあると考えています。

①給与が安定して高い
②人材育成の仕組みが整備されている

③休日、休暇が取得しやすい

この三つは就活学生の志望理由上位にもあります。

ではこの三つをクリアしていくために、福祉・介護業界にとって真似することは可能なのかということですが、①を除けば工夫次第で近づくことはできると私は思っています。

実際に私の知っている事例ですが、②の人材育成に力を入れるようになってから職員の離職率が低くなったという事実はたくさんあります。

人材教育にかかる費用は将来への投資です。職員にとってみれば、自分たちに期待して投資してくれる経営者には感謝の気持ちが芽生えてきます。このことは、職員にしっかりと期待を込めて経営者の想いを伝えることが重要です。

また③の休日、休暇についても、いろいろな工夫はできそうです。福祉・介護施設は、シフト制で勤務が組まれることも多く、計画的な勤務体制となっています。

それから①については本当にできないのかということですが、介護報酬の減額傾向など収入が厳しい面は確かにあります。しかし徹底したコスト削減、積極的な新規サービスの展開など収入を増やし、支出を減らすという当たり前のマネジメントを愚直に実践することで、少しでも高い給与を支払おうという経営努力をしている企業もあります。

岐阜県土岐市にある有限会社ひなたぼっこさとでは、新規事業の推進に積極的で、最近では日本版ＣＣＲＣの実践を大学等との産学連携によって本格的に進めています。できることはまずはやってみるという上原理恵社長の強い信念・考えで、その頑張りの結果として地域で一番高い給与を社員に支払うようにすると社員に公言しています。この施設ではもちろん②の人材育成については積極的に実施していますし、③の取り組みについては「有給休暇１００％取得の推進」を検討しています。

日々の工夫・改善をする事業所は変化します。社員・職員にとって働きやすい職場とは何かについて真剣に考える時期にきています。そのような施設の３年、５年後の結果が楽しみです。

ベテランスタッフに、介護のすばらしさを聞いてみよう

離職率が高いと言われる福祉・介護業界ですが、ベテラン職員もたくさんいます。勤続10年、20年、30年福祉一筋、というキャリアのある職員もいます。

そういう意味で、福祉や介護の仕事自体が長続きしない仕事ではない、ということがわかります。介護業務に対する本人の捉え方次第で、30年も続けることのできる仕事なのです。介護という仕事は、超高齢社会の日本にとってこの先、最も需要のある仕事ですから、世間一般の福祉・介護業の捉え方を変えていくことは重要です。

そのような福祉・介護のイメージを変えていくことを考える際に、欠かせない重要な存在が永年

勤続しているベテラン職員です。

以前、あるグループホームで評価制度を作成している際に、管理者に「介護施設で長く働くコツは何ですか？」とお聞きしたことがあります。

その管理者は「毎日、何かが起きるのが介護現場です。平穏無事に一日が終わるということは少ないです。でもその何かを前向きに捉えることができるかできないかの差ではないでしょうか。何かを毎日解決するのが介護という仕事だと思いながら、15年が経ちました。でも楽しい仕事ですよ」と話してくれました。

私は介護業務の経験がないので、最初聞いたとき「毎日何かが起きる？　課題解決の連続？」ということに「まじか？　本当に大変な仕事だな」と正直なところ感じました。そして最後の「楽しい」という言葉を笑顔で話す管理者を見て、尊敬の念を持ちました。

その管理者の話はいつも説得力があります。このような考え方を持っているからこそ、多くの解決の引き出しを持っているのだなと納得しました。

おそらくベテラン職員の多くは、いろいろなエピソードを持っておられます。成功したこと、失敗したこと、嬉しかったこと、楽しかったこと、悲しかったこと、辛かったこと等々。その豊富な経験談を、後輩職員、新人職員に伝えない手はありません。後輩職員がこれから経験するだろうことを、すでにベテラン職員は経験しているのですから、成功談、失敗談としての教科書にすることもできるでしょう。

愛知県のあるデイサービスでは、毎年経営計画発表会を全社員出席で行っています。その発表会の中で、永年勤続表彰をしています。受賞者は壇上で社長より表彰され、豪華賞品を受け取るのですが、その後にスピーチをすることになっています。スピーチのテーマは決まっていて「仕事を通じて経験した楽しかったこと、感動したこと」を話してもらいます。

私も2回ほど出席させていただきましたが、毎回感動して涙が出てきます。ご自身が経験された話は、やはり他の介護スタッフにも心の底まで伝わります。発表会の後の、会社の一体感は何とも言えません。そのような感動の場ですから、全社員が出席することが慣習になっています。

このようにベテラン社員や先輩社員の経験談をしっかりと伝える機会は非常に重要です。経営計画発表会、全体集会、職員全体研修など全職員が集まる機会を使い、職員の意識を高める仕掛けもちょっとした工夫でとても効果が大きいものになります。

職場での自社の悪口は赤信号

未経験で介護の世界に挑戦する方の多くは、「介護は大変だ」「私に務まるだろうか」と不安な気持ちで入職してきます。期待いっぱいで入職してくる方は稀だと思います。

そのような不安な気持ちで入職しますので、施設内での悪いうわさや評判が耳に入ると「やっぱりそうか」という気持ちになりやすくなります。それからもう一つ、職員の悪口を言っている場面に遭遇すると、「いつか私も言われるのだろうか」という不安感を高めてしまうということも聞きます。

どんな職場でも気に入らないことはありますし、相性の合わない職員もいます。すべてが思い通りになっているような職場はありません。時には職場外での飲み会など、日ごろのうっぷんを晴らす「ガス抜き」のような時間を設けることも重要です。その「ガス抜き」を職場内でやることは、やはり社会人のマナーとしては好ましくはないでしょう。

マナーが守れないと「ルール」をつくることになってしまいます。基本的にマナー違反には罰則はありませんが、ルール違反には罰則が伴いますので、職場のマナーづくりについては職員一人ひとりがマナーの意識を高めることです。

そしてマナーが良くなれば、職場も次第に良くなります。良い職場には、人が集まりますし、そのような職場を自ら離れる人は少ないでしょう。

多くの施設を見てきた中で、「うちはベテラン職員がボトルネックになっています。悪い慣習を作ってきたのはベテラン職員なんです」とベテラン職員に悩む管理者もいます。先述の模範的なベテラン職員とは正反対です。

この差はどこにあるのでしょうか？

私の見る限り、その答えは「経営者」ではないかと考えています。

足を引っ張るベテラン職員を好きなようにさせていたのは、トップである「経営者」の責任ではないかと。感動、感謝の想いを語るベテラン職員のいる施設では「経営者」が好き勝手をさせない、そして経営理念の実現を常に周知し、職員マネジメントを地道にやってきた結果だと思います。

一度出来上がった風土や雰囲気はなかなか変えられるものではありませんが、変えようという思いがあれば、変えることは必ずできます。一朝一夕にできるものではありませんが、忍耐強く実行あるのみです。

優秀な職員が退職する際にやるべきこと

私は今までに多くの福祉・介護現場で、優秀なスタッフが残念ながら退職していく場面にも遭遇してきました。

「今月末で退職させて下さい」

という突然の退職の申し出に、

「本当に？　何で辞めるのですか？」

と、管理者もびっくりします。

当然、管理者は続けてもらいたいとの思いで説得をするのですが、優秀な人ほど、その説得はなかなか効果がありません。優秀なスタッフは、次の転職先からすでに内定をもらった上で、退職願いを提出することが多いのです。すでに気持ちは次の転職先にあったりします。

また福祉・介護業界の特徴に、優秀な人材が辞める場合は、「道連れ退職」などということも結構あります。

福祉・介護業務はチームでの仕事になりますから、チームワークが重要です。ところがそのチームワークの良さが「道連れ退職」という形で出てしまうこともあります。特にその主要なリーダー的人財の退職は影響が大きく、その可能性があることは経営者・管理者として留意しておくべきです。

そして最悪にもどうしても退職の意思が変わらないという場合もあります。その場合には経営者・管理者にぜひともやってほしいことがあります。

それは、「退職理由の真因を探ること」です。

退職が決まると管理者等は、現場の混乱を少なくするために次の人材の確保などが仕事の中心になります。それはそれで次のステップに向けて重要な姿勢です。その準備の中で、すでに退職を決めた人材に対しては「引き継ぎの指示」をすることが多いと思います。

自分の担当したご利用者のケア記録の整理や、担当業務における注意点などのポイントをまとめた引き継ぎ書やマニュアルを作成してもらうことが、次の担当へ業務を引き継ぐマナーにもなります。

しかし残念なことに、このマナーさえ守ることもなく職場を去る人もいますので、ビジネス基礎教育のこのような場面においても、改めてその必要性を痛感することになります。

そして退職までの時間には、引き継ぎ書の作成のほかにやっておくべき重要なことが「退職理由の真因を知り、分析する」ことなのです。この分析は将来の施設経営にとっても非常に重要な資料になりますし、直近で改善すべき点を確認することもできます。

優秀な人財であればあるほど、施設に対する想いは持っています。経営者等には耳の痛い話もあるかもしれませんが、その意見にはもっともっと耳を傾けるべきなのです。在職中には、なかなか言えなかった意見もあるでしょう。経営者・管理者から言えば「なんで在職中にもっと言ってくれなかったの？」ということもよくあります。でもそれも重要な意見です。反対に退職者から言えば「在職中には言いづらい雰囲気がありました。そのような雰囲気を持っている施設なんです」ということになります。

優秀な人財は、いろいろと考え抜いた上で退職という判断をしていることも多く、「もっとこうなればいい」「このやり方よりこうした方がよい」という改善に対する意見を持っています。経営者・管理者は「どうしてそのようなことになってしまったのか」の分析を徹底的に考えることが必要です。

「5回のなぜ」を繰り返すことで「本当の原因＝真因」を見つけることができると、トヨタ自動車は社員に教えています。「真因」を追求できると、同じミスを繰り返さなくなります。

「人材が定着しない」
「採用してもすぐ辞めてしまう」
「辞めるときは、いつも円満退職にならない」

などの事由で悩んでいる方には、ぜひこの「退職理由の真因の追求とその分析」、さらには「改善策」を徹底議論されることをお勧めします。

私も顧問先の社長から「スタッフが退職するので、面談に同席してほしい」と相談を受けることがあります。研修参加者など仲良くなったスタッフであれば、なおさら同席をさせてもらいます。

その際に社長や管理者、退職者とざっくばらんに意見交換をします。

「現場で何が起きているのか?」

「スタッフの本音はどこにあるのか?」

「会社が好きかどうか?」


など、本音で話してもらう中から、経営陣も多くの反省と気づきを得ています。

優秀な人財を失うことは、施設経営にとっては非常に痛いことですが、この分析によって真因がわかれば、経営に痛手となる残念な退職者はいつかいなくなると考えています。

退職に関するデータを集める

優秀な人材が辞める際には、退職の理由を分析するとともに、数字的なデータを収集している施設があります。その一部をご紹介しますと、

「退職時の給与額(正社員/パート/派遣)」

「退職時のポジション・役職」

「平均在職年数」

「退職月」

「退職時の年齢」
「研修の受講回数」
「職員構成、所属長」

などです。

これらのデータは、今後の採用やその条件、入社後の人事配置など、人事処遇上の重要な資料として活用できます。

例えば、「満足する給与水準と役職のバランス」と「不満な給与水準と役職のバランス」が見えてきます。

そして不満な給与水準になるのは、入職何年後くらいなのか、またその際の役職とその責任、さらには研修の受講回数などを細かく分析していくと、例えば「入職3年から4年目の中間職員クラスの退職については、研修受講が少ない」とか「管理職として30万円以下の賃金が2年以上続くと退職している」など、さまざまな傾向があるのがわかります。その分析案件が増えていくことで貴重な人事データとして活用できるのです。

そこに先の「退職理由の徹底分析」という定性的なデータと「退職時の各種数字」という定量的なデータを組み合わせることで、次にしなければならないこと、つまり人事戦略を立てやすくなります。

人材の辞めない施設、人材が集まる施設は、このようなデータも自社で作成し、人事戦略・戦術を考えるという不断の努力をしています。

おわりに

私が「介護」という世界と関わりを持つようになったのは、今から約20年前のことです。商社マンから日本福祉大学の職員として転職し、介護人材の育成や介護事業の発展のためのセミナー企画などを業務としながら、社会福祉士を取得する機会もいただきました。これが「福祉」「介護」との本格的な出会いになりました。この出会いがなければ、現在の仕事はしていないと思いますし、おそらくこの本を執筆するチャンスもなかったのではないかと思います。

福祉・介護は私にとっては全くの未知の業界ではありましたが、関心がないわけでもなく、これからは間違いなく重要になるだろう、という考えはあったので仕事も勉強も積極的に進めることができました。

業界の性質上スポットライトが当たる世界ではありませんが、この世界を知れば知るほど、人の優しさや温かさを感じるようになっていきました。

現在、私は認知症の母を介護しています。4年前から同居していますので、この間の母の変化がよく見えます。母は、日々「できること」がひとつずつなくなっています。電子レンジ、給湯器、電気コンロの使い方がひとつずつ分からなくなっています。母も「覚えが悪くて、わからないことばかりでごめんね」と言いますが、認知症はなりたくてなっているわけではありません。私も社会福祉士の端くれとして、認知症の勉強はしていますので、理解しているほうだとは思いますが、それでも時々、母と言い合いをしてしまうことがあります。分かっていても感情のコントロールができないことがあり、言い合いをした後にはいつも反省です。

介護という仕事は、まずは「相手のことを理解すること」。これが基本だと改めて思います。ご利用者の人生を理解し、想いやニーズを理解し、さらには生活、病気のことや家族のことなどをしっかりと理解した上でなければ介護はできないといえます。非常に崇高かつ高度な人間性やコミュニケーション能力が必要な仕事が介護なのです。

母は、ほぼ毎日デイサービスを利用させていただいています。母はデイサービスから帰宅すると、

「今日は楽しかった。デイサービスは良いところだね、みんな優しい人ばかりで楽しいことばかりだよ」

そして、

「ありがたい、ありがたい」という感謝の言葉をいつもいつも言っています。

その感謝の先は、もちろんデイサービスのスタッフの皆さんに向けてです。家族もデイサービスのスタッフの皆さんが、最高の介護サービスを提供していただけるので安心して仕事ができます。

この本の中の事例として紹介させていただきましたが、当たり前のことを実践し、かつ母を介護していただいているデイサービス「いやしの森」の平松邦康代表、そしてスタッフの皆さまにもこの場を借りてお礼を申し上げたいと思います。

福祉・介護事業所を経営している経営者や働いているスタッフの方には、介護という仕事は非常に「感謝される仕事」であるということに気づいていただければと思います。

ご利用者やご家族の中には直接、感謝の言葉を言ってくれる方もいれば、そうではない方もいます。しかし実際は必ず感謝しています。現場のスタッフにはご利用者やご家族から直接の言葉がない場合でも、経営者・管理者から「感謝のことば」を意識して伝えることでモチベーション維持にもつながり、結果的に職員の定着率を高めるなど重要な取り組みとなっている場合が多くあります。

福祉・介護業界は、究極の人材不足の業界になっています。残念ながら介護は大変だ、きつい仕事だと3Kの代表格になってしまっています。しかし、私は他の業界からの転入組だからこそ言えることがあります。これほど「感謝」される仕事は介護という仕事以外にはありません。福祉・介護を仕事として頑張っている方が自信をもって「介護は素晴らしい仕事」だと言える業界になることを私は今後もサポート・支援していきたいと思っています。

全国には20万以上の福祉・介護施設があります。この施設で働いているスタッフが働きやすい職場づくりのお手伝いを、社会保険労務士、社会福祉士という知識と経験をフル活用して支援することが私のミッションです。

本書を執筆するにあたり、多くの方のお世話になりました。この本を楽しみにしてくれ、ヒアリングにご協力いただきました顧問先の皆さま、また出版に関して多くの指導をしていただき、勇気づけてくださった一凛堂の稲垣麻由美様、そして出版の機会を作っていただきました時事通信出版局の永田一周様には、改めて心から感謝申し上げます。

最後にいつも応援してくれる妻、息子たち、そして私の仕事の基礎を作ってくれ6年前に他界した父、介護の本質を教えてくれた母に、ありがとう。

【著者紹介】
志賀 弘幸（しが ひろゆき）

1969年生まれ。株式会社シンクアクト代表取締役、志賀社会保険労務士事務所代表、一般社団法人福祉経営綜合研究所理事。関西大学卒業後、歯磨剤メーカー、大学職員、コンサルティング会社勤務などを経て、2010年に株式会社シンクアクトを設立。社会保険労務士、社会福祉士の資格を生かし、福祉介護業界に特化した人材育成、人事考課制度（キャリアパス制度）、労務管理アドバイスなどを全国の顧問先で実践。全国社会福祉協議会キャリアパス生涯研修の指導講師を務め、各地の社会福祉協議会、社会福祉法人、民間介護事業所など介護特化型のコンサルタントとして支援する顧問先は全国に拡がる。歯磨剤メーカー時代には、トップセールスとしての実績から「営業の教祖、神様」との異名もとるほどの成果を出す。現在はその営業経験を生かした熱心な人材育成に定評があり、ファンも多い。最近の介護事業も営業の時代に突入していることから、その実践サポートには独自のツール（T/A式介護営業方式）を、またキャリアパス構築にも介護事業の特徴を分析した独自のキャリアパス構築手法を開発し、普及している。

ビジネスとしての介護施設《かいごしせつ》
――こうすれば職員《しょくいん》が定着《ていちゃく》する

2017年1月15日　初版発行

著　者：志賀 弘幸
発行者：松永 努
発行所：株式会社時事通信出版局
発　売：株式会社時事通信社
〒104-8178　東京都中央区銀座5-15-8
☎03（5565）2155　http://book.jiji.com/

印刷／製本　中央精版印刷株式会社

ISBN978-4-7887-1509-7 C2036 Printed in Japan